渡部昇一流
潜在意識
成功法

「どうしたら英語が
できるようになるのか」
とともに

守護霊インタビュー

大川隆法
RYUHO OKAWA

まえがき

大学入学後ほどなく渡部昇一さんのご著書を読んだのが、私の「成功」への始まりのように思える。「勤勉の力」や「知は力である」、「思いの力」などを十分にインプットしたおかげで、私はセルフ・ヘルプ型の人間となり、読書家から、多産な宗教家へと成長していった。その自分自身の軌跡《きせき》をふり返りながらも、渡部昇一氏の守護霊霊言を出せる喜びをかみしめている。

本書で「英語の勉強法」や「潜在意識成功法」を語っているのは、同氏の発想の根源ともなっているベンジャミン・フランクリンの意識である。今の日本が、再度成長軌道に入るには、このベンジャミン・フランクリン型の人間を多数創り出す思想や教育が必要なのだ。本書がそのための有効なテキストになることだろう。

若き日の私に、努力・知力・勇気・成功の意味を教えてくれた渡部昇一氏に深謝するとともに、一日でも長く、九十五歳以上まで現役でご活躍されることを心の底よりお祈り申し上げる。

二〇一三年　四月二十四日

幸福《こうふく》の科学《かがく》グループ創始者兼総裁《そうししゃけんそうさい》　大川隆法《おおかわりゅうほう》

渡部昇一流・潜在意識成功法　目次

第1章　どうしたら英語ができるようになるのか

――渡部昇一《わたなべしょういち》氏へのスピリチュアル・インタビュー――

二〇一二年二月五日　渡部昇一守護霊《しゅごれい》の霊示《れいじ》
東京都・幸福の科学　教祖殿《きょうそでん》　大悟館《たいごかん》にて

3

第2章　渡部昇一流・潜在意識成功法

二〇一三年三月二十日　渡部昇一守護霊の霊示

東京都・幸福の科学 教祖殿 大悟館にて

「霊言現象《れいげん》」とは、あの世の霊存在の言葉を語り下ろす現象のことをいう。これは高度な悟《さと》りを開いた者に特有のものであり、「霊媒現象《れいばい》」(トランス状態になって意識を失い、霊が一方的にしゃべる現象)とは異なる。外国人霊の霊言の場合には、霊言現象を行う者の言語中枢《ちゅうすう》から、必要な言葉を選び出し、日本語で語ることも可能である。

また、人間の魂《たましい》は原則として六人のグループからなり、あの世に残っている「魂の兄弟」の一人が守護霊《しゅごれい》を務めている。つまり、守護霊は、実は自分自身の魂の一部である。したがって、「守護霊の霊言」とは、いわば本人の潜在《せんざい》意識にアクセスしたものであり、その内容は、その人が潜在意識で考えていること(本心)と考えてよい。

なお、「霊言」は、あくまでも霊人の意見であり、幸福の科学グループとしての見解と矛《む》盾《じゅん》する内容を含《ふく》む場合がある点、付記しておきたい。

第1章

どうしたら英語ができるようになるのか

―渡部昇一《わたなべしょういち》氏へのスピリチュアル・インタビュー―

二〇一二年二月五日　渡部昇一守護霊《しゅごれい》の霊示《れいじ》

東京都・幸福の科学　教祖殿《きょうそでん》　大悟館《たいごかん》にて

渡部昇一《わたなべしょういち》（一九三〇〜）

日本の英語学者、評論家。山形県鶴岡《つるおか》市生まれ。一九五五年、上智《じょうち》大学大学院修士課程修了《しゅうりょう》。ドイツのミュンスター大学、イギリスのオックスフォード大学に留学。上智大学教授を経て、二〇〇一年より上智大学名誉《めいよ》教授。専門の英語学のほか、保守系言論人として幅《はば》広い評論活動を行う。『英文法史』『知的生活の方法』『ドイツ参謀《さんぼう》本部』『渡部昇一「日本の歴史」』（全七巻）『中国を永久に黙《だま》らせる100問100答』など、著作多数。

質問者　※質問順

武田亮《たけだりょう》（幸福の科学副理事長兼宗務《けんしゅうむ》本部長）

仲村真里依《なかむらまりえ》（幸福の科学宗務本部 学習推進室部長）

石川雅士《いしかわまさし》（幸福の科学宗務本部 第一秘書局局長代理）

石川幸佑《いしかわこうすけ》（幸福の科学宗務本部 第一秘書局）

［役職は収録時点のもの］

1 渡部昇一《わたなべしょういち》氏の守護霊《しゅごれい》に「英語勉強法」を訊《き》く

若いころに影響《えいきょう》を受けた一人である渡部昇一《わたなべしょういち》氏

大川隆法　現代では、英語でいろいろと悩《なや》んでいる人も多いようです。「英語を勉強したら、どんな功徳《くどく》があるのか」とか、「人生の成功において、どんな影響《えいきょう》が出るのか」とか、わりに根本的なことを訊《き》きたい人もいるでしょうし、あるいは、具体的な勉強の仕方の悩み等について訊きたい人もいると思います。

私自身の考えを述べてもよいのですが、それよりも、今日は、本筋で英語を勉強され、現に活躍《かつやく》されている方の意見を参考にしたらどうかと思い、英語学の大家《たいか》である渡部昇一《わたなべしょういち》さんの守護霊《しゅごれい》にインタビューしてみようと考えています。

生きている人の守護霊インタビューなので、名誉《めいよ》なことだろうと思いますし、ご本人としても、それほど悪い気分はなさらないのではないかと思います。

渡部昇一さんについては、まだ現役《げんえき》で評論活動をなされているので、ご存じの人が多いとは思いますが、私も若いころに影響を受けた人の一人です。私の母より二つぐらい年上の方ですね。

私が、ちょうど大学に入っていたころに、『知的生活の方法』という本が百万部以上の大ベストセラーになり、非常に有名でした。高校の同級生の一人が、下宿に遊びに来たとき、私の蔵書を見て、「『知的生活の方法』が入っていない。あれを読んでいないようでは、おまえは駄目《だめ》だ！」などと言ったので、そのあと、慌《あわ》てて読んだことを覚えています。

当時、その同級生は医学部の学生で、その後、彼には会っていないのですが、そういう人に教わったのです。

上智《じょうち》大学を選んだことが、その後の出世の糸口となった

大川隆法　渡部さんは、山形県の鶴岡《つるおか》の生まれで、田舎《いなか》のほうの出身のため、英語教育については、子供時代から、それほど恵《めぐ》まれた環境《かんきょう》にあったとは決して思えません。

たまたま、通っていた高校の先生が、東京の大学を見て回り、「上智《じょうち》大学というところには、品のよい先生が多い。ほかの大学の先生と違《ちが》って、卑《いや》しくない」と言って薦《すす》めたので、その年だけ、その高校から何人か上智大学を受けて入ったらしいのです。

それは卑しくないはずです。教えている人たちの多くは神父さんなので、ほかの大学とは、たぶん違っていたでしょう。その高校の先生は、よく分からなかったのかもしれませんが、渡部さんは、そうした薦めもあって、上智大学を受けられたわけです。ただ、地方ではまだ知られていない大学だったので、それについては、あ

れこれと言われることも多く、悩まれたときもあったようです。

もともと第一志望は、東京教育大学、今の筑波《つくば》大学だったそうです。当時、教員になるための最高峰《さいこうほう》の学校だったので、そこを受けるつもりでいたらしいのです。

ところが、たまたま、その年だけは入試が六月に延期され、上智のほうの試験が三月に終わっていたため、東京教育大学の入試まで三カ月ほどありました。

そこで、とりあえず上智に入ってみたところ、外人の先生が大勢いて、とてもよかったので、そのまま残られたわけです。ご自分より成績がよくない人でも、もっと有名な大学に行った人がいて、「おまえは上智でいいのか」などと、かなり言われたようです。しかし、そこで頑張《がんば》って粘《ねば》っていたら、成績もよくなり、その後、上智へ行ったことが出世の糸口になりました。

アメリカ留学はできなかったが、運よくドイツ留学が決まる

大川隆法　ただ、大学時代、成績はいちばんよかったのに、アメリカへの留学生に

選ばれず、ほかの人が選ばれたので、とても悔《くや》しい思いをされたようです。あまりにも貧しい生活をしていて服装が悪く、社交性がなかったために、審査《しんさ》で外国人の先生が反対したらしいのです。

その後、大学院の修士課程に行ってから、「ドイツに行かないか」という話があり、「自分の専門は英語だから、ドイツだと本筋ではないかもしれない」と思ったけれども、とにかく外国留学をしてみたかったので、その話に飛びついたとのことです。

その留学の話が出たときに、大学の先生が渡部さんの実力を試《ため》そうとして、ドイツの新聞か何かを見せられ、「君、これをちょっと読んで訳してみなさい」と言われたところ、そのなかに出てきた難しい単語を、たまたま前の日に勉強して覚えていたため、きちんと訳せたのです。

その先生は、「これが訳せるのか。すごいな。それならいいだろう」ということになり、「では、ドイツへ行きなさい」と言われたのです。運もよかったのでしょう。

実際は、大学時代に、ドイツ語は週一回ぐらいしか取っていなかったらしく、ドイツ語の基礎《きそ》の文法をやったぐらいのレベルでした。週一回というのは、そんなにずっと高いレベルではありません。

英語のほうはかなり勉強していたものの、ドイツ語は、それほどやっていたわけではなかったのです。でも、ご本人としては、アメリカに行き損《そこ》ねたのが悔しく、「チャンスは逃《のが》さない」ということで、ドイツへ行くことにしたようです。

世界で初めて本格的に「英文法成立史」の本をドイツで出版

大川隆法　ただ、ドイツに着いて、向こうの教授に、「博士論文を書きたい」と言ったとき、まだドイツ語を話せない状態だったので心配され、「大丈夫《だいじょうぶ》か？」という感じだったそうですが、英語で書いた修士論文を上智大学から取り寄せて見せたところ、「これだけ書けるなら、まあ、大丈夫だろう。博士論文の作成に入ってよい」ということになったらしいのです。

その後、半年ぐらいで、基本的なドイツ語文法と作文の勉強をし直し、普通《ふつう》は、日本語で論文の下書きをしてからドイツ語に訳していくのですが、渡部さんは、そういうことはすっ飛ばして、いきなりドイツ語で書き始めたといいます。

英語をかなり勉強していたので、「英語で文章を思い浮《う》かべ、それをドイツ語に置き換《か》える」というやり方で、『英独辞典』を引きながら、ドイツ語で論文を書いていったわけです。そのため、ものすごく早く書けたそうです。

そうして、二十代の後半で、三百ページぐらいの英文法史の論文をドイツ語で書き上げ、その論文はドイツで出版されました。渡部さんは、英文法成立史の本を本格的に書いた世界初の人なのです。

当時、イギリスにも英文法の歴史を研究した本はありませんでした。要するに、みんなが普通に話せる言葉なので文法研究書がなかったのでしょう。そのため、むしろドイツのほうが、英語の文法を研究していたのです。

というのも、もともと英語は「低地ドイツ語」に起源があります。つまり、ドイツからイギリスに渡った人たちが数多くいて、そのへんから英語は発達しているので、本当は、ドイツ語から研究したほうが、英語の発達史がよく分かるわけです。

そういうこともあって、論文の中身がよかったため、二十代後半で、その博士論文がそのままドイツで出版されるという恩恵《おんけい》に浴し、向こうのシュナイダー教授から、「君は天才だ！　こんなによくできた学生は、今までいなかった」とほめられたそうです。

確かに、大学時代には、週一回しかドイツ語を勉強していなかったとのことですから、すごいことだと私も思います。

ちなみに、渡部さんは、そのシュナイダー教授から、カードボックスを使って論文を書く方法も教わっています。「まず、気になったところをカードに書き抜《ぬ》いて、ボックスのなかにためていき、それを繰《く》っているうちに、だいたい論文の核《かく》になるものが見えてくる。それが発見できれば、論文として成功する」というように、カード式で論文を書くことを教わりました。

それで博士論文もうまくいったわけです。この話は、後に『知的生活の方法』のなかでも書かれていますね。

そのように、ドイツへ留学したあと、イギリスにも少し留学してから日本に帰ってこられています。

渡部昇一氏も竹村健一《たけむらけんいち》氏も「英語で道を拓《ひら》いた人」

大川隆法　そういう意味で、この人の書かれた本には、「知は力なり」を地で行《い》った部分というか、ある意味で「現代の自助論」的なところがあったので、私もそういう啓発《けいはつ》を受けました。直接、教わったわけではないので、「私淑《ししゅく》する」というかたちでしたが、本を通じて教わったことは多かったと思います。

その後、私も商社時代にアメリカへ渡ったのですが、そのころ、青春出版社から『ビッグ・トゥモロウ』という大判の月刊誌が出ていて、渡部昇一さんや竹村健一《たけむらけんいち》さんなどが、写真入りで若者に対するメッセージを数多く出していたのです。お二人は、私の親の世代ぐらいに当たりますが、彼らは、みな英語がよくできて、英語で道を拓《ひら》いた人たちです。

竹村健一さんも昭和五年生まれで、渡部さんと同じなのですが、戦後、第一回のフルブライト留学生に選ばれた方ですから、そうとう英語ができたのは間違いありません。京大時代に、「英文毎日」に学生アルバイトで入って記事を書いていたことや、ＧＨＱで通訳のアルバイトをしていたことなどが効いたのだろうと思います。「助教授や教授が数多く受けてバタバタ落ちていた試験に受かり、一年間アメリカへ行った」ということが、当時は、ものすごい付加価値を生み、その後、五十年間、マスコミ界で活躍する基礎となったわけですが、すべて、英語ができたことから始まっているのです。

フルブライト留学生として、一年間、戦後のアメリカへ行って見てきた人には、「日本の未来」が見えたのは間違いないでしょう。

竹村さんは、確か、東京オリンピックの前年に『英語会話一週間』という本を出し、それがベストセラーになって以降、著書をたくさん出されるようになりました。また、テレビやラジオにも数多く出て、「電波怪獣《かいじゅう》」と言われるようになったのです。

こういう人たちが活躍している時代に、私は青年時代を送りました。「自分も、あのくらいの年になったとき、若い人たちに何か意見を言ってあげられるようになるといいな」と、心のなかに思ったのを覚えています。

「文法重視の英語学習法」を説いた渡部昇一氏

大川隆法　語学の学習については、渡部昇一さん自身は、どちらかと言えば、オーソドックスな受験勉強的なものをやって上がってきた人であるため、ある政治家が、「今の日本人は実用英語ができないので、英語教育の路線を変えていくべきではないか」と主張したときには、大論争をしています。また、松本道弘《まつもとみちひろ》氏という、「英語道」を唱えている英会話の達人と対談し、学習法についての本も出したりしています。

渡部さんは、「文法ができて、英文和訳がキチッとできるようでないと、英語として本物にならない」と言い、「やはり、会話主体の実用英語ができなければ、使いものにならない」と主張する人と、だいぶ論争をされたわけですが、実際の流れとしては、文部科学省の方針も変わってきて、実用英語をそうとう教育に取り入れるようにはなりました。

彼は、「大学入試では、英文和訳をやらせてみれば学力が一発で分かるけれども、英会話を出題しても学力が測れないので、英語学者は、みな英文和訳を出したがるのだ」という意見を言っておられたと思います。

ただ、実用英語に対して完全に否定的なわけではないようです。

彼は、大学院生時代に、アルバイトで、週二回か三回か知りませんが、都内の女子校に教えに行っていたそうですが、ちょうどそのころ、たまたま英語教員の欠員が出たため、商社マンをやっていた人をその女子校に雇《やと》い入れたところ、突如《とつじょ》、みな英語ができるようになったらしいのです。

しかも、それまでは、あまり難関校などを受けたことがない学校だったのに、その人を入れたら、みな、急に英語ができるようになって、翌年《よくとし》から、東大をはじめとする難関校にどんどん受かり始めたので、驚《おどろ》いてしまったとのことです。

それで、「実際に英語を使っていた人に教えてもらうのも、悪いことではないのではないか」というようなことを、ある本に書かれています。

したがって、実用性のある英語を完全に否定しているわけではないのです。ご自分が学者として英語の道を歩んできたため、文法重視の英語教育を主張しているだけであり、実用英語の大切さについても理解されていると思います。

英字誌をスラスラ読めないことを隠《かく》さなかった「正直さ」

大川隆法　それから、別な意味で「勇気」を頂いたこともあります。

渡部さんは、ドイツ、イギリスへの留学から帰ってきて、上智大にて講師の立場で英語を教えていたのですが、自著に、「自分は洋行帰りであるにもかかわらず、『タイム』や『ニューズウィーク』等をスラスラと読めない。専門課程で教える立場にある者として、実に悔しい思いをした。しかたがないので、読むのは、自分の関心のある記事だけに絞《しぼ》ることにした。そして、各号の表紙を破り、その裏に読んだ記事をペタッと貼《は》りつけて、そこだけを保存するようにした。また、その記事に関しては、単語を調べて全訳し、新しい単語はすべてマスターすることから始めた」というようなことを、彼は正直に書いておられたのです。

私は、そういうものを読んだのは初めてでした。みな、「できる話」はしても、「できなかった話」については、正直に言ってはくれないので、それを読んで、「やはり、そうだったのか」と思いました。「『タイム』や『ニューズウィーク』などの英字誌を読む難度がどの程度か」ということを、誰《だれ》も教えてくれなかったのです（『英語が開く「人生論」「仕事論」』〔幸福の科学出版刊〕参照）。

あとで分かったことですが、英字誌を読むには、十万語以上の語彙《ごい》が要求されるので、受験の数千語レベルの英文とは、全然、英語の難しさが違うのです。「英語を教えている渡部さんがスラスラ読めない」ということは、「ほかの洋行帰りの人たちも読めない」ということなのに、ほかの人たちは、みな読めるふりをしていたわけです。

そういう意味で、渡部さんは、極《きわ》めて正直だったと思います。

このあと、続いて同じことを言ったのが、故・竹内均《たけうちひとし》さんです。彼は、東大の理学部の教授で、渡部さんのファンでもあった人ですが、「自分も、実は、『ニューズウィーク』をスラスラと読めない。科学の記事だけは読めるけれども、ほかのところは、残念ながら読めない。だから、日本語訳の『ニューズウィーク』が出るようになって助かった。ほかの記事がやっと読めるようになった」というようなことを、正直に書いていました。

竹内さん自身、翻訳《ほんやく》を数多くしており、口述で翻訳ができるぐらい英語のできた人ですが、それでも、「自分の専門以外の記事はスラスラと読めなかった」と言っていて、「語彙の差があると、どうなるか」ということを教えてくれたわけです。

今、私は、幸福の科学学園や仏法真理塾《ぶっぽうしんりじゅく》「サクセス№1《ナンバーワン》」などで、英語教育にも着手していて、「語彙を増やす」ということに、ものすごく力を入れているのですが、それは、「語彙に差があった場合には、もうどうにもならない。手が届かない」ということをよく知っているからです。

私も、高三ぐらいから、英字新聞を取ったり、『タイム』や『ニューズウィーク』をアメリカから送ってもらったりして、読もうと努力はしたのですが、どんどん積み上がっていくのが苦しく、劣等感《れっとうかん》を感じたことを覚えています。

しかし、渡部さんの本を読み、高三生に読めるような代物《しろもの》ではなかったことを知り、それが不当な劣等感だったことが分かったわけです。当時、私は、「頭が悪いのかな」と思って、すごく悩んでいました。なかなか読めずに、うずたかく積もっていくのが苦しくてしかたがなかったのですが、結局、語彙のレベルが、受験でやっている数千語レベルとは、全然違っていたわけです。

当時は、それを教えてくれる人もいなかったので、分かりませんでした。「ボキャビル（ボキャブラリー・ビルディング）〔語彙増強〕をやらないかぎり、第一級レベルまでは行かない」ということを、あとから知ったのです。

「知的生活の仕方」や「潜在《せんざい》意識の使い方」を渡部氏から学ぶ

大川隆法　そのように、渡部さんは、私にとって学ぶことの多い人でした。

私は、若いころに、そういう知的生活の仕方を教えてもらったわけですが、この人の知的生活は、「いわゆる情報としての知識が力になる」ということだけではなかったと思います。上智大学におられたため、実際に、修道士など、宗教家としての瞑想《めいそう》の習慣を持っているような人たちの知的生活を見ていたのでしょう。ご本人としては、「知識を中心にした知的生活」と思いつつも、書いてあるもののなかに、実は、「宗教としての知的生活」の部分が裏面に入っているのです。

彼の本には「黙想《もくそう》」という言葉が出てきますが、瞑想の意味を知っておられたのではないかと思います。

それから、彼が最初に出したのは先ほど述べた英文法の本ですが、『知的生活の方法』を出す前に、実は、「大島淳一《おおしまじゅんいち》」というペンネームで、ジョセフ・マーフィーの本の翻訳書を何冊も出されていました。三十代で、すでにミリオンセラーを出しておられたのです。

『眠《ねむ》りながら成功する』とか、『眠りながら巨富《きょふ》を得る』とか、そういう深層心理学の本をいろいろ出されていたわけですが、「大学の一講師が、そういう本を出すのはちょっとまずい」ということで、ペンネームを使っていたため、誰も渡部さんの訳とは知らなかったようです。私も、そうとは知らずに読んでいて、「別の著書から、『潜在《せんざい》意識下に落とし込《こ》んだものは、実際に実現する』ということを勉強した」と思っていたのですが、あとで同じ人だと知ったのです。

そういう意味で、いろいろと勉強になることの多かった人です。

老いて学べば、後世に名が遺《のこ》る

大川隆法　また、渡部さんは、還暦《かんれき》を過ぎてから、すごく分厚いラテン語の本の暗記に挑戦《ちょうせん》したりするなど、記憶力《きおくりょく》増強を実践《じっせん》してみせています。さらに、七十七歳《さい》にして、「蔵書が平積みになっていて本が取り出しにくいので、本が見えるように並べたい」と思い、書庫を増強しています。

友人たちが止めるなか、銀行から数億円の借金までして書庫の増強を行い、本をなるべく取り出して読めるようにされたわけです。

彼の友人たちは、「日本男性の平均寿命《じゅみょう》は七十九歳ぐらいだから、あと二年ぐらいで死ぬかもしれないのに、そんなバカなことをするものではない」と言って止めたらしいのですが、「そんなことはない。私が尊敬し、学んでいる人たちは、みな九十五歳ぐらいまで現役で活躍しているので、自分もそれを目指す。九十五歳まで生きたとしたら元は取れる」ということで、敢行《かんこう》されたようですが、そういうところには、私も励《はげ》まされることが多くあります。

「自分なら、七十七歳で、借金をしてまで書庫の増強ができるだろうか」と考えると、「やめておきなさい」という周りの声も、なかなか無視しがたいと思うので、「心意気やよし」ですね。

「老いて学べば、どうなるか」ということですが、やはり、後の世に名前が遺《のこ》ることになるかもしれません。

それから、知的関心が広く、好奇心《こうきしん》が強くて、いろいろなことについて興味・関心を持って評論していかれたあたりについては、私も触発《しょくはつ》されることが非常に多かったと思います。

渡部さんは、英語学から入っていかれましたが、「一つの専門分野においてプロフェッショナルとして確立したならば、そのあと、ほかの分野も耕していける」という手本を見せていただいたので、私も、非常に勉強になりました。

「一流の業績を残せば、ほかのことに手を出しても、人は何も言わなくなる」ということです。

もちろん、英文学をやった人が、みな、彼のようになるわけではないので、それは、やはり、「勤勉と努力、習慣の賜物《たまもの》」だと思います。

「現代の自助論の実践家《じっせんか》」として、学ぶことは多いでしょう。

渡部昇一氏の守護霊を招霊《しょうれい》する

大川隆法　そういうことで、この方の守護霊にいろいろと質問を受けていただきたいと思っています。中高生や大学生、若者たち、あるいは、中高年で勉強をし直そうとしている人たちに対しても、参考になるような話が聴《き》けるのではないでしょうか。無料で講義を受けるのは、たいへん申し訳ないと思いますが、今回の趣旨《しゅし》については、十分に理解してくださることと思います。

説明は、だいたい以上です。

（質問者たちに）では、いきましょうか。

「どうしたら英語ができるようになるのか」というあたりを中心に、「渡部昇一のスピリチュアル・インタビュー」を行いたいと思います。

（大きく息を一回吐《は》く）

渡部昇一さんの守護霊よ、どうか、幸福の科学 大悟館《たいごかん》に降りたまいて、われらのために、あるいは、読者のために、英語の学び方や、それにかかわる人生の秘術についてお教えくだされば幸いであります。

渡部昇一さんの守護霊、流れ入《い》る。

渡部昇一さんの守護霊、流れ入る、流れ入る、流れ入る、流れ入る、流れ入る。

渡部昇一さんの守護霊、流れ入る……。

（約五秒間の沈黙《ちんもく》）

2　中高生にとっての「英語学習法」

呼ばれたことに感謝の言葉を述べる渡部氏守護霊

渡部昇一守護霊　（咳払《せきばら》いをする）

武田　渡部昇一先生の守護霊様でいらっしゃいますか。

渡部昇一守護霊　ああ。ありがとう。

武田　こちらこそ、本日は……。

渡部昇一守護霊　うんうん。呼んでくれてありがとう。

武田　いえいえ。

渡部昇一守護霊　光栄に浴して、まことに恐縮《きょうしゅく》です。死んで名が遺《のこ》っている者ではなく、老いぼれながら、まだ現役《げんえき》でやっている者なので、偉《えら》い人と一緒《いっしょ》に並べられるような、〝あれ〟ではないんだけどね。

武田　いえ、私どものほうこそ、直接、渡部先生の守護霊様からお話を伺《うかが》えますことを、本当にうれしく思っております。

渡部昇一守護霊　ああ。

あくまでも〝外国人〟としての英語学習法を述べたい

武田　本日は、「どうしたら英語ができるようになるのか」ということをテーマに、学生をはじめ、社会人や中高年で、「これから、もう一度、英語を学んでみたい」という方がたの悩《なや》みにも答えるかたちで、お話を伺えたらと思っております。

どうぞ、よろしくお願いいたします。

渡部昇一守護霊　まあ、それは、「アメリカ人やイギリス人に生まれれば、英語ができるようになる」っていうことはあるしさ。「日本人に生まれたら、日本語ができるようになる」っていうこともあるし（笑）。

ドナルド・キーン（アメリカ出身の日本文学者）みたいな人にかかったら、日本人だって、学者ならともかく、もしかしたら、日本文学に関する知識量では負けるだろうけれども、会話とかだったら、「ドナルド・キーンが来たって負けはしない」

という気持ちは、日本人ならあるよね。

ただ、「『源氏物語《げんじものがたり》』がどうのこうの」とか言って議論し始めたら、向こうのほうが上ということはあるわけで、外人でも知識的に勝てることはあるよな。

だけど、日本人みたいに、聴《き》いたり、しゃべったり、書いたりできないところはある。

そのへんの、「本国人か、そうでないか」という違《ちが》いはあるので、まあ、あくまでも、「〝外国人〟としての英語学習」っていうことになるからね。

そういう意味で、英語を母国語としている人みたいにはいかんだろうけれども、私みたいに、田舎《いなか》に生まれて英語学者になった者の経験から言えることもあるだろうし、学生を何十年も教えてきましたのでね。「英語を学んだ学生たちが、どういうふうになっていったか」を数多く見てきたから、自分の体験以外のことも、ある程度、客観的に言えると思いますよ。

もちろん、上智《じょうち》の学生なので、今は、ちょっとは難しくなりましたが、昔は、そう大したことのない、君らみたいな秀才《しゅうさい》ではない人たちを相手にしていましたのでね。

要するに、勉強ができない人に英語を教えていたところから始めて、だんだん英語ができる人が入ってくるような時代まで続いてきたわけです。まあ、東大なんかでは、最初から、勉強なんかしなくても英語ができるような人もいるのかもしれません。そういう人については、私はちょっと分かりかねるのですが、勉強のできない人ができるようになるのと、ある程度できる人が、もうちょっとできるようになるのと、このあたりについては、多少、分かるかなあと思います。

だから、「平凡《へいぼん》な頭の人か、平凡よりちょっと上ぐらいの、少し秀才の域に入ったぐらいの人が、英語ができるようになる」というレベルの話ならできます。

武田　はい。

渡部昇一守護霊　ただ、もう、見たら何でもできちゃうような、そういう天才的な人に英語の学習法を伝えるのは、ちょっと任を超《こ》えているし、分を超えているかなとは思うので、そのへんは了解《りょうかい》してくれるかな？

武田　はい。まさに、今おっしゃったようなレベルの方に……。

渡部昇一守護霊　君らは、もしかしたら、もう、右から左へ、バーッといけるかもしれませんが。

武田　いえいえ。そういうわけではありません（笑）。それでは、さっそく、質問のほうに入らせていただきます。

渡部昇一守護霊　うん。

武田　（質問者に）お願いします。

英語学習に「向き不向き」はあるのか

仲村　本日は、このような機会を頂きまして、本当にありがとうございます。

渡部昇一守護霊　なんか、目が座ってるね。あなた、怖《こわ》いね（会場笑）。

仲村　（笑）恐《おそ》れ入ります。

渡部昇一守護霊　ハッ。ああ、いや、失礼しました（会場笑）。

仲村　私からは、「中高生で英語ができない人が、どのようにしたらできるようになるか」というところを、お訊《き》きしたいと思います。

まず、英語に苦手意識を持っている人は、「自分が、英語ができないのは、英語に向いていないからではないか」と思ってしまいがちです。

渡部昇一守護霊　うーん。

仲村　そもそも、英語に「向き不向き」というのはあるのでしょうか。もし、あるのでしたら、その違いをつくっているものは何であるのかを、お訊きできればと思います。

渡部昇一守護霊　うーん。それはねえ、やっぱり、あまり早くあきらめすぎた人は、「自分は英語に不向きだ」と思ってしまうことがあるんじゃないかな。

私みたいに、英語を職業として、何年やったんだ？　六十年以上、やっているのかなあ。だから、六十年ぐらい英語を職業としてやっている人間、勉強期間を入れれば七十年はやっている人間から見るとね、あまりに早く、一、二年とか、二、三年とか、そのぐらいで、「できる」「できない」を判断する方が多いんだろうと思うけど、「そんな簡単なものではない」ということは、やっぱり言えるなあ。

旧制中学の最初の英語のテストでは「赤点」だった

渡部昇一守護霊　今、英語学の大御所《おおごしょ》みたいになってきつつあるわけだけども、私も旧制中学に入って英語を初めて習ったわけで、最初は「赤座布団《あかざぶとん》」もあったほうだよ。「赤座布団」って分かるかな？　赤点だよ。

最初の中間テストで、赤点をもらっちゃったんだ。友達で、上の兄弟がいる子は、「teacher《ティーチャー》という単語が出る」とか言うんだけど、私は、「中学一年の中間テストで、そんな難しい単語は出るわけがない」と思ったんだよ。

あなた、綴《つづ》りが難しいよな。teacher って難しくない？　t・e・a・c・h・e・r、なかなか長いじゃない。書いたって覚えられないよねえ。まず、teacher っていう単語からして、英語って難しいよなあ。覚えられないよね。ずばり発音どおりでもないしね。

それで、「あんなの、出るわけないよ」と言って高をくくっていたら、出たんだよ（会場笑）。だから、「出る」って言ってたやつのほうはできて、「そんな難しいものは出ない」と勝手に決め込《こ》んでいた私のほうは赤点を取った。まあ、英語のスタート点は、赤点から始まっているんだよ。

だから、私は、あまり才能の問題ではないような感じはするね。それは、「（何が出るかを）情報として知っていた人はできた」というだけのことだし、覚えようと思えば、teacher という長い単語だって、覚えられないことはないからね。

でも、中学に入って、最初につまずく人はさ、そういう teacher みたいな綴りを覚えて書けないあたりから始まる。だいたい、つまずくのは、このあたりだよな。「先生」っていう単語が、もっと簡単だったらいいのにねえ。teacher って綴りが難しいよね。このあたりで、まず英語が難しくなる。

日本語にはない「冠詞《かんし》」の使い方などでつまずきやすい

渡部昇一守護霊　また、a と an と、the が出てきてね、the も、the《ザ》 になったり the《ジ》 になったりする。

まあ、ジ（痔《じ》）っていうのも、体に出るのならいいんだけど（会場笑）、同じ言葉で、the《ザ》 になったり the《ジ》 になったり、こんなの意味不明だし、もしかしたら、上手に説明できる人もいるのかもしらんけども、田舎の先生には、the《ザ》 と the《ジ》 の違いなんて、そんなものは説明できないよな。生徒と一緒になって、「なんでだろうね」なんて言っているような状態だ。

a と an だって、「どうして分けなければいけないのですか。a と an を分けないで、一つにしてくれると楽だよなあ」っていうのは、それはそうですよねえ。

でも、こうしたものは、元はドイツ語から来ている。ドイツ語には格変化というものがあってね、もっと激しく冠詞《かんし》がいろいろと変化していくから、それに比べれば、英語の（冠詞の）変化は非常に簡単になっているんだけどね。

a と an と、the ぐらいしかないので、歴史的に見ても、非常に簡単なものになっていて、ありがたいんだよ。だから、簡単なものになってくれていることを、喜ばなければいけないんだけど、まあ、このへんが分からないし、説明できる人も少ないから、まず、このへんでつまずいてくるんだな。

つまり、日本語にはないものの使い方で、ちょっとつまずいてくる。

また、英文脈が入って、「一つのリンゴがあります」みたいな日本語が出来上がってきつつあるわけだけど、もともと、こんな日本語はありはしないよね。

「リンゴがなっている」とか、「机の上にリンゴがあった」とかは言っても、「一個のリンゴがありました」という日本語は、本当はないんだよ。小学校一年から、「テーブルの上に、一個のリンゴが置いてあります」というような日本語の習い方はしないんでね。

「一個、二個、三個」と覚えるのは、算数の授業のほうなんですよ。国語のほうでは、「さいた、さいた。さくらがさいた」なんだよ。桜が何本咲《さ》いたかは、国語では教えない。それは算数が教えることなんだな。だけど、英語で習うときは、その算数も合体して入ってくるから、まあ、それが難しいところだ。

だから、ほかの科目の部分も英語のなかに入ってくるところが、ちょっと分かりにくい。それが一つあるね。

最終的には「英語に関心を持ち続けられるかどうか」だけ

渡部昇一守護霊　このへんの説明が、先生のほうも、なかなかスッとはできないで、「とにかく簡単なルールだから覚えろ」と、最初から言ってきます。このへんは、生徒も最初のうちは我慢《がまん》できるけど、文法はだんだん難しくなってくるのでね。そのときに、「ルールだから、全部、覚えろ」と言っても、例外がいっぱい出てくるからさ。「例外もルールだ」ということで、「ルールだ。ルールだ」って言うから、結局、不信感が湧《わ》いてくるわけよ。

数学の方程式みたいに、「こう解いたら、必ず、こういう答えが出る」というのならいいけど、例外がいっぱい出てくるので、分からなくなってくるところがあるんだよな。

先生も、不親切というか、実際は、分かっていない方も多いだろうから、そういう人が、ちゃんと教えられないことがある。そのへんが、悩ましい部分だろうな。

それと、外国に行ったことのない人が、（小学校や中学校で）最初のころの英語を教えることが多いけど、そういう人は発音が悪いしねえ。その意味で、自信がないところはある。会話が大してできないレベルで教えている人も多いだろうからね。

そういうことで、本当は、生半可《なまはんか》なレベルで教えてる人が多いのかなあと思う。

でも、なかには英語の達人もいるし、教科書や参考書を書けるような人もいるわけだからね。そういう人に就《つ》いて勉強するか、そういう人の本に基《もと》づいて勉強すれば、マスターできなくはない。

だから、「向き不向きがあるか」ということだけど、あるとしたら、最終的には、「関心を持ち続けられるかどうか」ということだけだろうと私は思うね。

あるいは、早いうちから職業形成に関心があり、「こんな職業に就きたい」っていうものがはっきりある場合は、「英語が要《い》る」というのが分かることがある。

例えば、「外国で仕事をする」とか、あるいは、スチュワーデスさん、今はCAって言うのかもしらんが、それになりたいだとか、まあ、「英語教師になりたい」っていう人が、今、いるかどうかは知らんけども、そういう目標があれば、有無《うむ》を言わさずやることになるけどね。しかし、動機が十分にない場合は、その難しさに押《お》されてしまうことはある。

知性の発育と釣《つ》り合っていない「中学英語」のレベル

渡部昇一守護霊　それと、逆に、ある意味で、日本語の国語のほうが、年齢《ねんれい》に比して早熟で、レベルが高い場合があるね。

まだ幼稚《ようち》なレベルの、小学校の教科書レベルぐらいの国語をやっている人だったら、中学英語ぐらいでも何とか耐《た》えられるけど、小学校でも、かなり難しい文章が読めたり、読解できたり、書けたりする子がいるし、今、東京なんかの勉強では、中学受験があるから、（国語で）すごく高度な文法を勉強させて、大人が読んでも分からないような文章が読める小学生をつくっている。そういうところまで行った人にとっては、中学一年の英語のレベルは、やはり低いんですよ。

だから、やっていて面白《おもしろ》くないのね。「さいた、さいた。さくらがさいた」のレベルを英語でやり始めると、それは、小学校一年のレベルだから、なんかもう退屈《たいくつ》で退屈で、面白くないんですよね。

それから、「生徒を当てて、ＡＢＣを順番に言わせていく」とか、「アルファベットを書く練習をする」とか、こんなことを一カ月もやっているうちに退屈してきたりするわけだね。

それと、（英語は）異文化ということで、日本語をよく勉強して知っているような子にとっては、そのレベルまで行かないから、ちょっと抵抗感《ていこう》がある。そういう違和感《いわかん》を持つ子は、わりに多いんだよね。

今は、レベルが少し上がっている勉強の仕方もあるんだけど、中学英語のレベルが、小学校ぐらいの日本語のレベルであることが多いので、知性の発育と釣《つ》り合っていない。それで、「なんか好きになれない」っていうようなことはあるよね。

一度〝バカ〟にならなければ、英語学習のスタートは切れない

渡部昇一守護霊　まあ、自意識が強くないというか、白紙というか、空《から》っぽというか、吸収力のあるスポンジみたいに、まだ〝水〟を含《ふく》んでいなくて、これから吸収できるような人だったら、何でも入ってくると思うけど、すでに、いろんなものを勉強しすぎて、かなり頭がパンパンになってきている人にとっては、英語を初めて習うと、「易しすぎてバカバカしい」と思ったりする場合と、文法の操作を覚えるのが難しいので、ちょっと苦手意識が出たりする場合とがあるんだね。

だから、〝バカ〟にならなきゃ、英語学習のスタートは切れないね。最初の英語のスタートは、やはり〝バカ〟にならなきゃ駄目《だめ》です。ほかの科目についても、「全部バカになれ」とは言わないけれども、英語に関しては、所詮《しょせん》、(日本人は)〝外国人〟なんだから、そんなにできるわけがないんだ。向こうの幼児のほうが、会話でも何でも、まだ上なんだからね。

だから、「いったん〝バカ〟にならなきゃいけないんだ」ということを教えなければいけないね。「君たちは優秀なんだ」みたいな感じから入ると、がっかりしちゃうことが多いから、まずそのへんが大事かな。

それと、幼児英会話みたいなものをやっているところも多いので、会話だけ、何となくフィーリングでできる子もいるんだけど、そういう子も、教科書的な英語を教えると、退屈しちゃって、つまらない感じになるんだよね。

ただ、「幼児英会話の延長で、会話だけをずーっとやっていったら、英語を本当にマスターできるか」と言ったら、やはりできないのよ。会話ができるので、もう、英語ができたような気になって、外人とちょっと話ができるといい気分になるんだけど、こういう人は、コツコツと文法とかの練習をし、マルを付けたりバツを付けたりしながら、繰《く》り返しやっていくような作業が苦痛なんだよ。

ちょっとしゃべれるようになったら、「もっとベラベラしゃべれるようになりたい」というのが先で、「これは間違いだ」とか、「ここは、anにすべきところをaにしている」とか、「前置詞を間違った」とか、「過去形を間違った」とか、「過去分詞形を間違った」とか、こういう作業が、とっても困難なんだね。会話をちょっとだけ先にやったりした場合には、そういう文法の間違いを正されたりするのが非常に嫌《いや》で嫌で、やれないことが多い。

だから、今、スタート点の話だけど、スタート点において、英語の先生として言うべきことは、「一度、〝バカ〟になりなさい」っていうことかな。

どうせ〝外国人〟なんだから、「できる」と思う人でも大したことはないし、できない人は、それが当たり前なんだから、もう、「赤ちゃんから勉強するんだ」と思って、その点については、一度、〝バカ〟になって英語をやることだね。「英語に熱心すぎて、英語ばかりやっている」という意味の「英語バカ」ではなく、「本当に〝バカ〟になって、いったん白紙の状態になったほうがいいよ」ということを言ってくださいね。

ほかの科目は、できてもいいんです。数学ができようが、理科ができようが、社会ができようが、現代文ができようが、どんな小説が読めようが、それは結構ですけど、英語に関しては〝バカ〟になってください。

スタート点では、「『白紙の状態からコツコツやろう』という態度を、まず持ってください」ということです。

「プライド」を捨てて、「知的正直さ」を持とう

渡部昇一守護霊　それと、あまり、自分をごまかさないようにしましょう。

英語は、異文化で、未知なる文法を持っている言語体系ですので、分からなくて

当然、間違えて当然です。ですから、「正直さ」を持ったほうがいい。「知的正直さ」「ごまかさない精神」を持たないと、やはり駄目なわけですね。

「まあ、いいや」と、適当にごまかしてはいけないんです。

例えば、apple が一個だと、an apple だけど、「複数の二個になったら、どうなるか」という問題で、two an apples なんて書いたりする。「こんなのはケアレスミスだ。本当は分かってるんだよ。two だから、an が要らないのは分かっていたけど……」と言いたくなるかもしれない。

これには、「apple には a ではなくて an と書くものだ」ということと、「two で二個になったら、a や an は『一個』という意味だから複数形で使ってはいけない」ということとの、二重の法則が入ってくるじゃない。ね？「a や an を使う」というのと、「複数形になったら a や an は使わない」というのと、文法としては二つ入るよね？

だけど、例えば two an apples と書いちゃって、「これは、ほんのケアレスミスです」と言って、済ませている人や、小テストの答案が返ってきて、「ああ、ケアレスミスです。これは、ほんの勘違《かんちが》いです」と言う癖《くせ》のある人が、もしいるようでしたら、それはやめてください。駄目です。もうちょっと、自分に正直に、厳密になってください。

確かに、「a と an についての文法を理解していた」ということは分かります。それから、「one が two になったら複数形になり、apple に apples と s が付く」というルールは覚えました。しかし、「二つの文法が一緒になったときに、どうなるか」という複合文法について完全にマスターしていなかったことは、正直に認めるべきです。

正直に認めないと、何度でもそういうミスが起きるわけなんですよ。ごまかしが出て、「そういうことは知っていたんだ」とか、「たまたま、偶然《ぐうぜん》だよ」とか言うけれど、やはり、そういうことではいけないんですよね。

それから、肯定文《こうてい》を疑問文に変えるときには、動詞が前に出てくるよね。そういうルールを学んだ。そうすると、This is a pen. が、Is this a pen? になったときに、文中の動詞 is が前に出てくるけど、この is の i が大文字の I になるよね。「（疑問文では）下から引っ繰り返す」という文法が一つ出てくるけども、さらに、「文頭に来る文字は大文字にする」という文法がもう一つある。文法が二個出てくるわけね。ここで、間違えて小文字を書く人が大勢いるわけだね。

こういうふうに、「『文法が重層的に重なってきたときに、結果がどうなるか』というのは、もう一つの応用問題なんだ」と思わなければいけない。これを「ケアレスミスだ」と自己弁護したり、ごまかしたりするのは、やめたほうがいいと思いますね。自分に正直にならなきゃいけない。

自分に正直であるためには、プライドを捨てなきゃいけないんです。

中学入試とかで、四科目ともよくできて入った秀才なんかは、シンプルなミスをしたことに耐えられないから、それを必ずごまかしに入るんですよ。

「いやあ、文頭が大文字になることぐらい知っているし、疑問文は引っ繰り返すことぐらい知っているよ」とね。しかし、疑問文で引っ繰り返った小文字が大文字になることを、答案に書くときには間違えたわけです。

自分がそんな間違いをするのは悔《くや》しいじゃない？　恥《は》ずかしいでしょう？　だから、「ケアレスミスで、勘違いをした」と抗弁するわけですよ。

それをやめなさい。やはり間違いは間違いなんだよ。要するに、英語を母国語とするネイティブだったら、絶対に間違わないことなので、このへんについては、自分に対して正直でなければいけない。このあたりが出発点だね。これを覚えてほしい。

だから、「たまたまのケアレスミスではないのだ」という厳密さを身につけなきゃいけないし、まあ、これは大人でも分からないから、難しくて限界はあるけれども、「なぜ the が付いたのか」とか、「this と that の違いはどこにあるのか」とか、ある程度、厳密に考える必要はあると思う。このへんをごまかさないことだね。

とにかく、スタート点において、英文法の基本的な骨格を学んでマスターするまでの間、まずは、「ごまかさない精神」を持っていただきたい。

「素直《すなお》に学び取ろう」という気持ちがないと伸《の》びない

渡部昇一守護霊　〝外国人〟なんだから、間違って当然なんです。

例えば、外国人が日本語をしゃべるとき、文法的にいっぱい間違っているでしょう？　それは、日本人が聴いたらおかしいでしょう？　中国人が使う日本語だって、「てにをは」が、全然、合っていないよね。だから、「中国人だ」とすぐに分かっちゃう。日本人のまねをしたって、顔が似ていたって、一発で中国人だと分かっちゃうでしょう？

日本人だって、英語をしゃべるときには文法的に間違うけど、その間違い方が（ネイティブとは）違うんだよね。（日本人が）文法的に間違ったことを言っても、「日本人だ」ということが分かるしゃべり方をする。「明らかに外国人だ」と分かる間違い方があるんだよね。

そのように、向こうの人なら間違わない間違い方があるので、ごまかさずに、正直であってください。ある意味で、まだ水を含んでいない海綿《かいめん》というか、スポンジみたいに、素直《すなお》に吸収する心を持ってください。

「頭のよし悪《あ》し」とか、「才能があるかないか」とか、「適性があるかないか」とか、あまり、そんなことを考えすぎないで、まず、「白紙になって素直に学び取ろう」という気持ちを持ってください。中学レベルでは、そういう態度が非常に大事だと思うね。

最初のときに、「自分をよく見せたい」という衒《てら》いがあって、「ミスを人に見られたくない」とか、「(ミスを人に)直されたくない」とか、そう思ったり、家庭教師が教えても、「知っていたよ。そんなこと、分かっていたんだ!」みたいな感じで言ったりする人は、やはり伸《の》びない。本当に伸びないので、素直でなければいけないね。

間違ったときに、「いや、過去形が来るのは分かっていたんだ」とか、「完了形で、そこはhaveじゃなくてhasを使わなきゃいけないのは分かっていたんだ。意味も十分に知っていたんだ。たまたま、ちょっと間違えただけだ」とか、言い訳がいっぱい出るんだけど、やめてください。やはり、その作業がキチッと完璧《かんぺき》にできるところまで、素直に正直にやってください。これをやらなかった人は、あとで伸びません。

中学英文法で、ごまかしをやった人、「ごまかし英文法」で通過してしまった人は、あとで、いくら難しい単語を覚えたり、長文を読んだり、大学入試用のマイナーな、重箱の隅《すみ》をつついたような細かい文法の問題がたまたまできたりしても、伸びないんですよ。

ほかの人ができないような細かい英文法の問題ができたりすると、「すごいなあ」と思うけども、でも、駄目なんです。基礎《きそ》の文法のところでごまかしがある人は、いくら上に積んでいっても崩《くず》れ落ちるんです。将棋《しょうぎ》の駒《こま》を積んでいったらバサーッと崩れるように、崩れるんです。

英語で伸《の》び悩《なや》んだら「中学英文法」を固め直そう

渡部昇一守護霊　だから、英語がどうしても伸《の》びなくなって、伸び悩《なや》んだら、やはり文法の基礎のところに戻《もど》らなきゃ駄目です。「基礎文法のところに、欠陥《けっかん》があるんじゃないか」と思って、本当に恥ずかしい話ですが、もう一度、戻らなきゃいけない。

「自分は、もう高校生になっているのに、あるいは大学生になっているのに、英語でいっぱい間違うし、勉強してもうまく進まないので、もう一回、中学の英文法からやらなきゃいけない」と思ってやるのは、決して恥ずかしいことや、バカなことではなくて、偉いことなんですよ。正直なんです。知的に正直なんですよ。

例えば、小学校あたりからエスカレーター式に大学まで上がるところはいっぱいありますけども、そういうところの人の場合、大学受験で入ってきている人に比べると、英語の学力が極端《きょくたん》に低いことがよくあります。

それは、やはり、入試というものを通過していないからです。何となく、「ところてん式」に押し出してくれて上がってきているんだけど、学力がすごく低い。「慶応《けいおう》あたりでも、けっこう、そうだ」と、私は聞いています。慶応で幼稚舎から上がってきた人のなかには、秀才のふりはしているんだけど、実は、中学英文法あたりができていないのに大学生になってしまった慶応生がいる。大学受験で入ってきた人に比べると、学力に明らかな差があるんですね。恥ずかしいことですよ。

こういう人は、もう一回、中学の英文法から固めなきゃいけない。でも、大学生が、中学の英文法を本気で勉強しようとしたら、そんなに大した時間がかかるものではないんですよ。本気でやれば、まあ、半年もかからない。長くて三カ月もあれば、中学英文法ぐらいは、基本的にマスターできると思う。

もし、いいかげんな〝基礎工事〟しかしていないんだったら、自分が分からなくなり始めたところに戻らなきゃ駄目です。例えば、大学生になっても、現在完了形で、I have seen や He has seen の have と has の使い方を間違うようならば、それは、中学のときに文法が詰《つ》められていない証拠《しょうこ》だね。

そういう間違いが何度も出るんだったら、やはり、もう一回、キチッとおさらいをすべきだと思う。これは、決して恥ずかしいことじゃない。人間は忘れて当然なんだからね。

その当時、いいかげんに、何となく六、七十点で通していたものが、そのまま残っているんでね。だから、もう一回、〝基礎工事〟のところに戻って、キチッとやってほしい。

英文法で「コツコツとした努力」を惜《お》しむと反作用が来る

渡部昇一守護霊　次は、高校英文法だよね。これも大事なところです。

中学英文法ができれば、いちおう基本的な会話はできるので、これにちょっと積み重ねをすれば、まあ、文法的には、旅行会話ぐらいは可能なはずですね。

でも、きちんと書かれた文を読もうとしたら、やはり高校英文法まではキチッとやる必要があると思いますね。

これをやるのに、もちろん、いい先生に当たればキチッと教えてくれることもあろうとは思うけども、基本的に、文法は、作業の繰り返しであって、「繰り返し自分を訓練する」という努力心を養うものでもあるんでね。

異文化なので、最初からできる人は、ただの一人もいないんですよ。「have になるか has になるか」なんて、生まれつき、最初からできる人など、いるわけがないんですよ。

これは、やはり、勉強するしかないんです。「コツコツと努力して繰り返す習慣」や「継続《けいぞく》反復する習慣」、それから、「自分をごまかさない精神」など、こうしたものを身につけることが、中高では非常に大事なことですね。

英語が途中《とちゅう》からできなくなった人は、必ず「ごまかし」をやっていますで、「ごまかし」ないしは「手抜《てぬ》き」をやっているんです。どこか

要するに、うろ覚えで、「定期試験だけ、何とか通過できればいい」とか、「試験

の前の日に、理由はよく分からないけど、とにかく、翌日、それだけをパッと見て書けるようにして、合格点だけは取れるようにする」とか、そういうことをやってきているはずなんですよ。

こういう人には、あとで、ちゃんと反作用が来るわけです。ザルで水をすくうように、やってもやっても、かけた時間のわりには水がたまらないで抜けていく。バケツに水を汲《く》もうとしても、水が入らないんですよね。

昔、労を惜《お》しんだために、今後は逆に、新しく先に行こうとしたときに進めなくて、無駄な時間をいっぱい費《つい》やさなきゃいけなくなる。それは、英文法をやるときに、労を惜しんだというか、「知的正直さ」を持っていなかったためです。それは、おそらく、衒いとか、ほかの人への見栄とか、そういうものだと思う。

バツを付けられて減点されるのが嫌だったり、「英語ができない」ということを人に知られたくなかったりして、隠《かく》す習慣を持っている人は、そういうことになると思う。

市販《しはん》の参考書や問題集で中学英文法はマスターできる

渡部昇一守護霊　中学ぐらいの文法だったら、本当は誰《だれ》だって、自分でコツコツと努力し、訓練をキチッとすれば、満点、あるいは、それに近い点が取れるぐらいまでは行くものなんです。日本人で、高校を卒業できるぐらいの知力があれば、中学レベルの基礎的な英文法だったら、まあ、百点か九十何点ぐらいが取れるところまでは、訓練すれば必ず行くんですね。

だから、いまだに学力が伸びない人は、ちょっと基礎文法のところをチェックしていただきたいなあと思います。この基礎のところができていないのに、難しいものをいっぱいやると、よけい分からなくなるんですよ。

教えるほうも分からないんです。「この子は、こんな難しい問題ができるのに、なぜ、こんな間違いをするのか」と思っても、「これはケアレスミスだね」と好意的に見ちゃうんですよね。「これはケアレスミスで間違ったね。こんな問題ができるんだから……」と思うけど、違うんですね。やはり、そのへんの基礎文法をやらなきゃいけないんです。

だけど、これを学校や塾《じゅく》のせいだけにするのは問題だと私は思うんですよ。中学の英文法をマスターしようとしたら、基本的には、市販《しはん》の簡単な参考書や問題集で、実はできるものなんです。

いろんな出版社から出ている、ちょっと大判の参考書付き問題集みたいなものがいっぱいあるじゃないですか。そんなに難しくなくてもいいので、ああいうものを、中一、中二、中三と、三冊ぐらいやれば、いちおうできるようになるんですよ。これをキチッとやれば、できるようになるので、やはり、その労を惜しんだ人は駄目ですよね。

塾《じゅく》だけに頼《たよ》った人は、必ず文法的に穴があく

渡部昇一守護霊　あとは、塾《じゅく》型で勉強した人、つまり、学校の勉強を捨てて塾で勉

強した人の場合の問題があります。

塾では持ち時間が限られているから、例えば、英語でも週二回だけとか、こんな感じでしょう？　「週二回で、二時間あるいは九十分だけ」ということで一年間のスケジュールを組むと、やはり、どこかを端折《はしょ》らないかぎり、全部をこなせないですよね。

だから、基本的に、入試に出やすいところを厚くして、入試に出ないところはあまりやらない。面白くもないしね。「ここは出ます」と言ったら、みんな夢中になるから、そこだけをやって、「出ないところは、学校でやるか、自分でやってください」みたいな感じになっちゃう。

だけど、本当は、これが英語を分からなくしている理由の一つではあるんです。

塾は、学校が勉強をキチッと教えていることを前提にして、応用的なものや、入試に適した問題の解法などを教えるのには非常に有効だと思いますし、あるいは、もちろん、学校で落ちこぼれた人たちに補習塾として教えるのにも有効だと思うけれども、塾には、学校の機能も合わせて教えられるだけの持ち時間が、実はないのよ。

学校の場合、毎日教えられるので、時間がかなりあるけど、塾だけを頼《たよ》りにすると、要するに、入試に出るところを中心に教えるので、文法的に必ず穴があくんです。

例えば、品詞について、塾なんかでは、そんなに詳《くわ》しくは説明しないんですよ。そうじゃなくて、問題を解くほうにスッと入ってくるんだけど、実は、英語の品詞の理解あたりからつまずいている人は確かに多いんですね。

まあ、名詞や動詞ぐらいまではだいたい分かるんだけど、助動詞、それから、冠詞ね。形容詞は分かるかなあ。でも、副詞あたりからちょっと分かりにくくなるし、つまずくのは、もうほとんど関係詞あたりだよね。関係代名詞とか、このあたりが、数学で言うと連立方程式でも解いているような感じの難しさになっているんですね。関係代名詞だの、関係副詞だの、このあたりになると、ちょっと意味不明になってくる。

やはり、思考形態の違いがあるからね。このへんの難しいところを、いいかげんに済ませると、そのあとが分からなくなって、英語の本が読めなくなるので、やはり、ここで汗《あせ》を絞《しぼ》らないといけないんですね。

基本的に、労を惜しんではいけないんです。中学の次は、高校がありますけども、高校の文法書になると、さすがに何百ページもある厚いものですので、これを一冊仕上げるとなったら、やはり一年はかかりますよね。

毎日毎日、ちょっとずつ、ちょっとずつ、三ページとか、五ページとかやって、しかも、一回やっただけでマスターできる人なんか、まず、いるはずがないので、繰り返し繰り返しやって、マスターしなきゃいけない。

これをしなければ、読解、つまり、英文をバラバラに解剖《かいぼう》するようにして読めるようにはならないんですね。

だから、「合格の近道だ」と言って、塾型でやって分からなくなった人は、もう一回、定評のある基礎的なものを、キチッとやるべきです。大人になってからでもいいし、大学生になってからでもいいと思うんですが、「弱い」と思ったら、一回、キチッとやり直すべきだと思う。それは習慣の問題なので、毎日、一定の時間を取って続けることです。さらに、繰り返しを入れることです。繰り返さないかぎり、マスターは不可能です。

そもそも、一回やっただけで、「三単現のs」が付けられるようになんか、なりはしないんですよ。練習しないとできないので、それは無理なんです。何度も間違いながら、間違わないようになるところまでやらなきゃいけないので、繰り返しが必要ですね。

「早く覚える人は、早く忘れる」というのも事実

渡部昇一守護霊　繰り返しやって、文法をきっちりとマスターすれば、先ほど、実用英語の話がちょっとあったけども、実は、実用英語が、ある程度しゃべれるよう

になるんですよ。これを訓練すれば、しゃべれるようになるんです。

だけど、実際、外国へ行って、degree《ディグリー》（学位）を取ってきた人は、全員、受験英語をマスターした人ばかりです。まあ、私の上智大の経験ですけど、外国へ行ってPh.D.《ピーエイチディー》（博士号）を取ってきた人で、受験英語の文法をマスターしていなかった人なんか、いまだに一人もいません。NOVA《ノヴァ》だか、Gaba《ガバ》だか、知らんけど、そんな英会話学校にだけ行って留学し、面接だけ通って大学院に入っても、Ph.D.は絶対、取れないんだ。

そういう論文が書けるためには、文法的に読み砕《くだ》く力が要るし、やはり、文法が正確でなければ学位論文としては認められないので、「文法というのは非常に大事だ」ということを知ってもらわなきゃいけないね。

基本は、最初に言ったとおり、「知的正直さ」、そして、「コツコツと繰り返し継続すること」だよ。

だから、「中学生で、英語の才能があるかどうか」とか、いろいろ言うけど、そういうことを問う必要はない。英語は、みんなにとって難しいことだ。

ただ、それをマスターするのに、人によって、ちょっと早い遅《おそ》いはある。早くパッと理解できる人、授業を一回聴いてパッと分かるような人はいる。だけど、「早く覚える人は、早く忘れる」というのも、また事実なんだよ（笑）。「一年もたったら、もう忘れてしまっている」ということもある。

結局、早く分かっても、忘れるのも早いんです。そういう人は、ほかのことも、早く学ぶけど、また忘れるんですよ。一方、じっくりしか覚えられない人もいるけども、時間をかけた分だけ、忘れにくくなってくるんだよね。

「エビングハウス曲線」（記憶《きおく》の忘却《ぼうきゃく》度合いを表す曲線）というものがあって、一週間たったら、だいたい半分以上は忘れることが分かっているので、これを忘れないようにするためには、繰り返しが要るんですよ。一週間で、もう半分以上忘れるんです。だから、繰り返しが必要で、これをやれば、忘れないようにしていけるんですね。

むしろ、鈍《どん》くさいというか、遅い人のほうが長く覚えられる可能性もありますよね。早くて要領のいい人もいるけども、そういう人は、驕《おご》らないで、繰り返しが要るわけだね。そして、時間がかかる人は、それで構わないんだけども、ネチネチ、やるべきことをやる。だから、あまり才能に頼るべきじゃない。

最後は、「口が立つかどうか」で、多少、「英語がうまそうに見えるかどうか」という差はあるかもしれないけど、スタート点での根本は、そんなものだと私は思うな。

3　英語が苦手な人への「受験勉強の指針」

中学英文法がガタガタの人は、「落ちたほうがいい」

仲村　ありがとうございます。英文法の大切さ、特に中学英文法の大切さを教えていただいたと思います。

ただ、中学英文法がガタガタのままで、例えば、高校受験や大学受験、英検など、大事な試験を迎《むか》えることになってしまった場合、どのように勉強したらよいのか、どこまで戻《もど》って勉強したら試験を合格することができるのかについて、アドバイスを頂ければと思います。

渡部昇一守護霊　うーん、まあ、基本的には落ちるでしょうね。

仲村　（笑）（会場笑）

渡部昇一守護霊　基本的には落ちると思います。落ちると思うし、落ちるべきだと思います。

仲村　はい。

渡部昇一守護霊　基本的には、受かっちゃいけない。受かったら、大学に入ってから、もう一回、補習をしなきゃいけないのでね。

今、ちょっと、学力が全体に下がっていて、例えば、生物を履修《りしゅう》していないのに、医学部に入っている人が大勢いるんだよ。生物をやらずに、物理と化学ぐらいで医学部に入られたら、本当に困るよね。〝生物を知らないお医者さん〟というのは、本当に怖《こわ》いけど、実際にはたくさんいる。受験の必須《ひっす》科目から外したために、手を抜《ぬ》いているわけだね。

生物のカエルの解剖《かいぼう》さえ分からないような、人体の組織さえ分からないような、そんな医学部生なんて困るから、「大学が予備校の先生にお金を払《はら》って、高校の補習をやってもらっている」とか言われている。

そういう、「合格さえすればいい」「結論さえよければいい」という考えでいくと、本来の職業にさえ就《つ》けないようなことだってあるわけで、基本的には困るんだよね。

本当は落ちるのがいちばんいい。落ちて反省しなければ、やり直しができないからね。受かってしまうと、「それでいい」と思って、そのままで逃《に》げていくので、結局、先行きは成功しない。だから、本当は落ちたほうがいい。

いや、「落ちたほうがいい」って言ったら、まずいかなあ。期待に応《こた》えないといかんから、ちょっとまずいけど、「落ちたほうがいい」っていう言い方が悪ければ、「発奮しなければ駄目《だめ》だ」ということかな。

だから、「（中学英文法が）できていない」ということが分かったら、発奮しなきゃいけない。大学入試問題をやりつつも、朝、一時間早く起きるなりして、恥《は》ずかしながら、中学英語のワークブックでも何でもいいから、一時間でも三十分でも、それをやり直してみるべきだね。

本当は、大学受験のレベルだったら、そんな中学のワークブックぐらい、簡単に満点が取れなきゃいけないはずですが、やってみて、「自分がどこで間違《まちが》うか」を調べてみたらいい。間違える問題がいっぱい出てき始めたら、「そこの文法が分かっていない」ということだよね。

その単元については、市販《しはん》の参考書や問題集の説明をきちんと読んで、問題を解き、要するに、昔やらなかった反復をやるべきでしょうね。

中学英文法の〝穴〟を埋《う》め、有機的なつながりの理解を

渡部昇一守護霊　でも、中学英文法というのは、頑張《がんば》れば、早くて二週間で、本当

はマスター可能なんです。努力すれば、だいたい二週間で、全部、復習は可能なので、そんなに時間はかかりません。すでに高校まで進んでいるのなら、努力すれば、二週間ぐらいで、だいたい概要《がいよう》をつかめます。

要するに、バラバラにやっていて、「点」だけがあり、それらがつながっていないんですよ。あるいは、「線」だけで「面」になっていないんです。本当は全部が分かっていないので、パラパラにはできるんですが、「全体として、どう有機的に動くのか」ということが、実は分かっていないんです。それが、（文法に）穴のある人の特徴《とくちょう》なんですね。

だから、それはねえ、やはり、落ちて、「もう一回、地べたを這《は》い、基礎《きそ》からやろう」という志を持つか、あるいは、発奮して時間を割《さ》き、「入試の合格とは関係ないけれども、英語というものを知り、マスターしたかったら、当然ここはやるべきだ」というところを、やはり、やらなきゃいけないね。

「現在完了《かんりょう》形って何？」と訊《き》かれて、「現在完了形って、何のことだろう」なんて言っているようでは駄目なんですよ。

もちろん、入試で、「合格点が六割だから受かる」とか、「七割だから受かる」とかいうことはあるよ。けれども、「現在完了形とは何ですか」と訊かれて、「現在完了形？　何だったかなあ。have とかが出てくるのが現在完了形だったかな。でも、have は『持つ』っていう意味だったかな。どっちだろう」なんて言っているようなレベルだったら、やはり駄目だよね。現在完了という意味を知らなきゃいけない。

そして、現在完了に進行形が付いた「現在完了進行形」や、「過去完了」なんていうものが出てくる。さらに、過去完了に進行形が付いたら、もう、難しいよね。

実際、日本人にとっては難しい文法なので、ここで頭がクラクラッと来るんだけど、それは、たぶん、数学の問題を解いたり、物理の問題を解いたりして、クラクラッと来るのと同じものだと思う。

しかし、やはり、分かるところまでやらなきゃいけない。それが分からない人は大勢いて、そういう人のために分かるように書いてあるものもあるから、そこで立ち止まって掘《ほ》り下げてみる必要はあるね。

それをいちばん簡単にやろうとしたら、まずは、中学一年、二年、三年向けの、市販の教科書準拠《じゅんきょ》の「まとめテスト」みたいなものをやってみて、百点が取れるなら完全に分かっているかもしれないけど、どこを間違うかを見てみたら、分かっていないところが分かるよ。

間違いが出るところの文法を、もう一回やるべきで、中学英文法が固まっていなかったら、その上に高校英文法を乗せるのは、ちょっと難しくなりますね。

高校英文法の参考書を、できれば十回繰《く》り返そう

渡部昇一守護霊　高校英文法を、その上へ乗せる必要があるんですが、高校英文法については、できたら、何百ページかある参考書を、五回と言わず、十回ぐらいやっていただきたい。

たいてい、四、五百ページはあると思います。あるいは、千ページぐらいの厚い

ものもあるから、それは十回もできないかもしれませんけども（笑）、四、五百ページぐらいのものだったら、できたら十回ぐらいやっていただきたい。五回ぐらいでもマスターはできますが、忘れるから、できたら十回ぐらい繰《く》り返していただきたいね。

これは、無駄なように見えるけども、こうした高校英文法、要するに、大学受験用の英文法を完全マスターして、「一冊仕上げた」という感覚を持っていると、これが、「留学した場合にPh.D.《ピーエイチディー》（博士号）が取れる」ということにつながるんだよ。あとで元が取れるから、やったほうがいい。

会話だけなら、海外へ行ったりするとうまくなります。だけど、文法のところをキチッと詰《つ》めていなかったら、学術的な意味というか、学問的な意味での資格を上げていくのは難しくなります。

また、そういうところをキチッと勉強していない人に教わっても、伸《の》びなくなりますから、できるだけフォーマルにキチッと勉強した人に教わったほうがいいと思いますね。文法を知らない人に会話を教わっても、ある程度まではうまくなりますけど、気をつけたほうがいいですよ。

「英会話がうまい」と思っていても、実は、関西のおばあちゃんたちの自由会話みたいな感じでしゃべっている可能性があります。「関西弁だけど、ほんとに流暢《りゅうちょう》な日本語ねえ」と言われているような感じでほめられても、喜んではいけないんですよ。

そんなしゃべり方で、(アナウンサーが) ＮＨＫのニュースを読んだら大変なことになるわけです。それは、出るべき場所に出たときに、必ず笑い者になるので、そういう俗語《ぞくご》のオンパレードをいくら流暢にしゃべれても駄目なんです。

フォーマルな英語をキチッと勉強していることが大事で、そのもとは、受験英文法だと私は思いますね。

次に厳密な「英文解釈《かいしゃく》」を習慣づけよう

渡部昇一守護霊　まず、受験英文法ありきで、次に必要なのが「受験英文解釈《かいしゃく》」です。厳密に英文解釈をする習慣をつける。一行一行、一個一個、訳し漏《も》れがないように対応させ、また、語順も変えてキチッと訳せるかどうか。こうした訓練をきっちりしておかないと、正確に英語文を読めるようにはなりません。

「フィーリングで読むだけ」っていうのは駄目です。実際に、そういう訓練の終わった人が速読で読めるようになるのは、別に悪いことではないし、そういうことも必要だと思いますけども、「最初からアバウトにしか読めない」っていうのは駄目です。

英米人でも、そういう人は大勢います。それは、教育を受けていない人たちです。教育を受けていない人たちは、アバウトに何となくは読めるけど、正確には読めないんですね。

だから、学校教育では、一行一行、対応させて訳す訓練がほとんどですけど、これをバカにしちゃいけない。これをキチッとやらないと危険です。

まあ、実用英語もいいけど、あまり、そういう会話主体にやりすぎると、(会話は)バリエーションがいっぱいあるからね。いろんな言い方ができるから、どんな訳でもいいような気がするんだけど、やはり、「英語と日本語がキチッと対応したかたちで、正確に再現できる」ということをやっていただきたいと思いますね。

やはり、英文法の参考書をキチッと仕上げて、次は、英文解釈で定評のあるものを一冊キチッと仕上げてください。英文には、普通《ふつう》の英語のつもりで読んでいたら、意味が逆になるものがいっぱいありますからね。そういう独特の言い回しや表現があるので、それを知らなければいけない。

「構文」というかたちで出ているものもありますけども、独特の言い回しをする英語があるので、それが英語の文章のなかに紛《まぎ》れていると正しく訳せないんですよ。間違ってしまうので、それをきっちり訳せるようにしてほしいですね。

それから、英作文を教えられる人は数が少ないので、これはかなり厳しくなるとは思います。日本人の教師で英作文を教えるのは、かなり難度が高いでしょう。英作文は、確かにいろんなかたちに書けるので、それを採点するのにも学力が要《い》って、「正しいか、正しくないか」は分かりにくいものがある。

ただ、これは、会話能力とも関係があります。確かに、英会話がうまい人は、英作文もそれなりに書くことは書きますが、文法にミスがあると、やはり英作文でも減点が出ますよね。

耳で聴《き》くと、ものすごく流暢なので、いいように思っても、書いたものにすると、間違っている部分がはっきりしてくるのでね。

英作文は難しいですが、基礎は、先ほど言った「文法」と「英文和訳・英文解釈」です。まず、これを先にやって、その次に、「和文英訳」の訓練ですね。

この間に、『英和辞典』や『和英辞典』なんかを使う練習をなされたらいいのではないかと思うし、「英語では、これをどういうふうに表現するのだろうか」ということにも関心を持ってもらうことが大事ですね。

グロービッシュは「世界共通ゆとり学習」のようなもの

渡部昇一守護霊　ここから先は、もちろん、英語を多読したり多聴《たちょう》したりしなければ、英語の学力自体は上がらないと思うんです。ただ、その場合に大切なのは、やはり、先ほど言った単語の語彙《ごい》と、イディオム（熟語・慣用句）などですね。こういうものには、やはり独特のものがありますので、知らないものは、聴いても聴けないし、しゃべるにしゃべれないし、読んでも読めないいんですよ。

だから、「単語力」は必要だと思います。今、「英語の単語を千五百語ぐらいまで減らして、グロービッシュ（Globish）にしよう」なんて言っている運動があるけど、やはり、それでは稚拙《ちせつ》な英語になりますよ（注。グロービッシュとは、単純な英文法と使用頻度《ひんど》の高い単語のみを使う、非英語圏《けん》の国際共通語として考案されている英語）。

「万国《ばんこく》の人が分かるようになった」といっても、それは、英語における「世界共通ゆとり学習」みたいな感じになってしまうと思います。千五百語で表現できる英語には、やはり限界がありますから、たぶん、小学生の教科書みたいになってしまいますね。

やはり、「豊富な語彙がある」というのはいいことだし、イディオムというか、そういう熟語は、日本語で言えば、四字熟語などの独特な表現に当たるわけで、知らないと分からないですよね。

（質問者に）適当に、何か、日本語の熟語を言ってごらんなさいよ。

武田　熟語ですか。

渡部昇一守護霊　うん。

武田　「明暗を分ける」とか。

渡部昇一守護霊　そう。例えば、「明暗を分ける」っていうのが文のなかに入っていたとしたら、これは外国人には難しいことですよ。「『明と暗を分ける』とは、どういうことかな」と思って、やはり、すぐには使えないですよね。

熟語が分からないと、本当は、熟達した言葉の使い方はできないので、やはり熟語を覚えることは大切ですね。熟語で、名詞や動詞、前置詞等のコンビネーションを覚えたら、英語的表現に慣れてきますので、あとは、単語と熟語を増やしていけば、学力はグーッと上がってきます。

それから、多読、多聴もあるとは思います。それをやらないと、実際に英語が使えるようにならないとは思いますけどね。もちろん、しゃべるのは、現実に海外に行った人が、いちばんうまくなります。「国内で英語をマスターする方法」を主張する人も大勢いますけども、やはり、現実には、外国に長くいた人のほうが、聴いたりしゃべったりすることに関してはうまいですね。書いたりできるかどうかは、必ずしも分からないですけどね。まあ、そんな感じかなあ。

仲村　ありがとうございます。

4 「英会話の力」をつけるためには

英米人にもっと日本に来てもらうことが大切

石川（雅） 本日は、ありがとうございます。私からは、日本の英語教育についてお伺《うかが》いしたいと思います。

渡部昇一守護霊 うん、うーん。

石川（雅） 例えば、よく、ＣＮＮなど海外のマスコミが日本で取材するとき、日本人に訊《き》くと、だいたい、英語では答えが返ってこなくて、日本語で返ってくることが多いようです。しかし、ほかの国、例えば、アフリカやインドなどでは、けっこう英語で答えが返ってきます。

日本人は、中高の六年間、英語を勉強し、さらに、大学でも、ある程度勉強しているのに英語が話せないため、「英語教育のシステムに問題があるのではないか」と言われています。それで、今、「小学校から英語教育をする」とか、「もう少し会話を重視する」とか、そういう流れが起きていますが、渡部先生のお考えをお伺いできればと思います。

渡部昇一守護霊　まあ、会話をうまくしたいと思ったら、それは、英米人にもっと国内に入ってもらうことでしょうね。英語圏《けん》の人に入ってもらって、教壇《きょうだん》などに立ってもらうなり、いろんなお店とか会社とかにいてもらうなりすることでしょう。

英語って、外国人の顔を見ないと、しゃべれないんですよ。日本人の顔を見たら、英語はしゃべれないんです（笑）。日本人同士、英語で会話をしていたら、バカみたいなので（会場笑）、やはり、しゃべれないんですよ。

髪《かみ》の毛が金髪《きんぱつ》だったり、鼻がとんがっていたり、目がブルーだったりしたら、初めて英語が出てくるのであってね、日本人の顔を見て英語をしゃべるのはきついですよ。

日本人には、単一民族性や、純潔性みたいなものを誇《ほこ》ってるところがあります。そういう同質性を誇ってるけど、いくらやっても、日本人同士で英語をしゃべれるようにはならないんですよね。

だから、会話のほうをキチッとしたければ、やはり、外国人教師の資格をもうちょっと緩《ゆる》めて、（もっと外国人教師を）導入すべきでしょうね。もちろん、英会話学校もあるから、そういうところに通う手もあるけど、塾《じゅく》とバッティングしてくるでしょうから、できるだけ雇用《こよう》の道を開いたらいいんじゃないかとは思いますがね。

日本の中高ぐらいでしたら、海外の四年制大学をちゃんと卒業しているような人を、会話の先生として入れておいたら、それだけでも、生徒の英会話はうまくなりましょうな。

外国人を見なけりゃ、しゃべれるようにならない。日本人ばかりを見ているから、日本人は（英語を）しゃべれないんです。突如《とつじょ》、外国人が現れて、マイクを突《つ》きつけられても、しゃべれないんですよ。

ところが、日ごろから外国人が多いと、話ができるようになるんです。

「日本語を話せない外国人」を信用しない日本人

渡部昇一守護霊　ただ、外国人が多い地区でも、外国人と話をしないで済ませられているのでね。そうでしょう？　港区とかには外国人が大勢住んでいるでしょうけど、外国人は外国人たちで〝外国人村〟をつくって交際をしているし、日本人は日本人でやっていて、例えば、たまたま店でかち合わせしても、会話が始まったりはしないんですよね。

これには、文化的な問題も多少はあると思いますが、日本語をしゃべれない人を、日本人は信用しないですよ。日本語をしゃべれない外国人は、泥棒《どろぼう》かもしれないし、強盗《ごうとう》かもしれないし、あるいは殺人鬼《さつじんき》かもしれないから、怖《こわ》いわけよ。

日本語をしゃべる外国人だったら信用します。とたんに信用しますよ。あっという間に信用します。

日本に来た外国人は、「アパートやマンションを探せない」とか、「学生が日本に留学しづらい」とか、「不親切だ」とか、みんな、よく苦情を言いますけど、日本語をしゃべれないから、（対応した日本人は）不親切なんですよ。英語で応対はしてくれませんのでね。

日本語をしゃべれる人だったら、文句が言えるから安心するんですけど、日本語をしゃべれない人に部屋を貸すのは大変ですよ。あとで家賃を滞納《たいのう》されたら、取り立てるのにどうしたらいいか、やはり困るでしょう？　だから、日本語をしゃべれる外国人に対しては、すごく親切ですよ。たぶんね。だけど、日本語をしゃべれず、英語しかしゃべれない人に対しては、不親切ですよね。

これは、ある意味での国際化がちょっと遅《おく》れている面ではありますが、外国人の顔を見なければ（英語を）しゃべれないのも事実なので、学校などでも、多少、外国人を入れるようにしたほうがいいのかもしれませんね。先生としても、生徒としても、そういう面はあってもいいのかもしれません。

まあ、取り組みとしては、大学レベルが多いとは思いますが、英語で授業するようなところも増えてきつつはあります。

日本の学校では、英語で授業をやらないから、外国から留学生が来ても、日本語を全部覚えなければ、高等教育の勉強ができないんです。そのため、ほとんど中国系と韓国《かんこく》系の留学生ぐらいしか、日本の大学へ入れないわけですよね。

もう一つは、確かに、「日本では翻訳《ほんやく》文化がかなり進んでいて、たいていのものが日本語で読める」ということがあります。しかも、瞬時《しゅんじ》に訳してくれるので、（英語ができなくても）いけるのだと思いますね。英語でしか情報が入らない所においては、英語ができるようになるのは当然ですよ。

ただ、今、「韓国や中国の英語熱が高くて、よくできる」ということに対しては、やはり、危機感を感じて、少しレベルを上げるように努力しなければいけないのは事実でしょうね。

要するに、「日本人の顔を見ていたら、英語がしゃべれない」ということですよ。でも、いろんなところで、外国人は、そんな簡単に手に入らないでしょう？　会社だって、そんな簡単には採用してくれないでしょう？

武田　そうですね。

渡部昇一守護霊　学校の先生だって一緒《いっしょ》ですよ。簡単には採用してくれないですよ。店員だって、英語しかしゃべれない外国人なんか、なかなか採用してくれない。

今、銀座あたりでは、中国人がいっぱい買い物に来ているようだけど（収録当時）、「貴金属店に中国人を配置しているか」といったら、配置していませんよ。

それは、「日本語が十分にしゃべれず、中国語しかしゃべれない人を店員に採用しても、いつ持って逃《に》げられるか分からないから、やはり信用できない」という気持ちがあるからだね。

そういうことがあって、国際化が少し遅れている面はあるのかもしれないけど、基本的に、外国人と接触《せっしょく》する比率を上げなければ、やはり無理ですね。会話をするチャンスがあれば、しゃべれるようになるでしょう。

日本人には、もう少し「フランクな気質」が必要

渡部昇一守護霊　あとは、やはり、日本人的な気後《きおく》れの部分が少しあるかもしれませんね。シャイな感じ？　これは大学でも同じで、「（意見を）発表する人間は、自己顕示欲《けんじよく》の塊《かたまり》で、悪い」みたいな言い方をするでしょう？

アメリカとかでは、黙《だま》っている人は「バカだ」と思われるので、意見を言わなければ駄目《だめ》だけど、（日本では）そういう人が嫌《きら》われる気《け》がある。

それは、学校でもそうだし、会社でも、そういうところはあるよね。意見をパ

ッと言ってくるような人に対しては、「邪魔《じゃま》だ」とか、「身分をわきまえろ」とか、「平《ひら》の身分で何を言うか」とか、「主任の分際で部長に意見を言うとは何事か」とかいうような、昔のお侍《さむらい》さんのカルチャーみたいなものが、まだ残っているんですね。

欧米《おうべい》人には、もう少しフランクなところがあって、「立場が違《ちが》っても、人間としては平等だ」っていう気持ちがあるんだけど、「日本は平等な国だ」と言いつつ、日本人には、その意味での平等心はないんです。つまり、「日本人として平等」なのであって、外国人は「人間」ではないんです。日本人にとって、異国の人は、もう〝鬼《おに》〟や〝魔物〟の類《たぐい》なので、平等ではないんですよ。

そのへんを勘違《かんちが》いしやすいんですけど、もうちょっとフランクにならないと無理な感じがしますねえ。

先ほど、「下宿が見つからない」という話もしたけど、「外国人に便宜《べんぎ》を図《はか》ってやろう」というボランティア精神を持った日本人って、やはり少ないんですよ。「その人と会うときには英会話をしなければいけない」という、煩《わずら》わしさのほうが多いのでね。その人を下宿させるために、あるいは、アパートに入れるために、自分のほうが英会話学校に通い、金を払《はら》って英会話を勉強しなきゃいけないのでは、元が取れませんからね。

そういうところがあるので、「日本人同士でつるみすぎる」ということでしょうかね。

あとは、気質的に、やはりフランクではないんですよ。ここが大きいところでしょうね。上下感覚がとっても強くて、フランクにしゃべらない。平等の国のはずなのに、上下感覚がとっても強いので、このへんが問題でしょうかねえ。

武田　分かりました。それでは、次の質問者に替《か》わります。

渡部昇一守護霊　うん。

5　社会人が改めて英語を学ぶ際のポイント

一年ぐらいの「リハビリ期間」で、とにかく英語に接触《せっしょく》する

石川（幸）　本日は、まことにありがとうございます。私からは、社会人になってからの英語の学習について、お伺《うかが》いしたいと思います。

学校を卒業してから年数がたつにつれて、「英文法書を十回繰《く》り返してやり直す」というようなことは、なかなか時間的に難しくなってきますが、そういう人のなかにも、「もう一度、英語をブラッシュアップして、国際的な仕事をしたい」と考えている人が数多くいると思うのです。

渡部昇一守護霊　うん、うん。

石川（幸）　そこで、中学・高校時代に、必ずしも英語が得意ではなかった人も含《ふく》めて、社会人になってから英語をブラッシュアップしていく方法について教えていただければと思います。

渡部昇一守護霊　それは、やはり、〝あれ〟でしょうね。

「教養に関心がある」とか、あるいは、「未知の領域に関心を持っている」とか、そういう傾向《けいこう》性があれば道は開けると思うんですが、現状に満足している人は、やはり、なかなか難しいでしょうねえ。「未知のものに挑戦《ちょうせん》していこう」とする感覚や、「教養を深めたい」という気持ちがあればやれるでしょう。

今は、外部の環境《かんきょう》による強制的なものもあるけどね。例えば、「英語を社内公用語にする」とか、「管理職以上はＴＯＥＩＣ《トーイック》で何点以上取らなければいけない」とか、「役員会議に出るにはＴＯＥＩＣ八百点以上なければいけない」とか、強制的にやっているところもある。日産とかはそうかなあ。あそこは外国人が社長で来ているから、しょうがないんだとは思う。日本語では、うまく言えないから、そういうところもあるんだろうけどもね。

あるいは、これから海外に進出しようとしているところも、そういうものを要求したりしていると思う。

まあ、「おじさん」にとって、勉強し直すのは本当に大変だとは思いますよ。やはり、忘れていくからねえ。だから、「もう一回やれ」って言われても、そんな簡単にできるものではないんです。

そうだねえ、やはり、「リハビリ期間」というのが要《い》るよねえ。そのリハビリ期間は、どのくらいかというと、「一年ぐらいはリハビリ期間だ」と思ったほうがいいんじゃないでしょうか。その一年ぐらいに関しては、リハビリと考えて、「英語に関するものであれば、何でもいいから、とにかく接触《せっしょく》する」という感じでいいと思うんです。

例えば、ハリウッド映画を英語の字幕で見るのも英語に接触することだし、テレビでもやっていますので、日本語で聴《き》かずに、日本語字幕にして英語で聴くのから始まって、もちろん、英会話学校だってあるし、あるいは、「子供用」と称《しょう》して小学生や中学生用の英字新聞を取ることだってないわけではありません。

また、簡単な入門書みたいなものもたくさん出ているし、今は、すごく時間をセーブするやり方のものも多く出ているので、どんなかたちでもいいから、リハビリ期間を一年と見て、英語勘《かん》が戻《もど》るように、何かに接触する。あるいは、ＣＤでも何でもいいから、「とにかく分からないけど聴く」というのもあっていいかもしれない。

そのように、一年ぐらい、リハビリ期間、助走期間があってもいい。

専門家ではない人が書いた本の危険性

渡部昇一守護霊　ただ、どこかで、キチッとしたものをやることで、もう一回、締《し》め上げは要るかなあと思う。街に溢《あふ》れているものを、私もよく見てはいるんだけども、英語については、専門家でない人の書いた、半可通《はんかつう》のものが非常に多いので、間違《まちが》いがあまりにも多いんです。

「外国帰りだから書いている」という人は、大勢いるんだけど、「どんな外国人に習ったか」ということが非常に問題です。つまり、使うべきでないような英語をマスターしてしまって、それを教えたりしていることがけっこうあるので、専門家でない人の本は、怖《こわ》いことは怖いんです。

あまりにも簡単に手に取れるもの、例えば、「一分間何とか」と称して、「一分でヒアリングができる」とか、「一分で英字新聞が読める」とか、「一分で単語や熟語が覚えられる」とか、「一分で文法ができる」とか、こんなものがいっぱいあるでしょう? あまり特定してはいけないけど(会場笑)、あるいは、「三時間でマスターできる○○」とか、こんなものがあるじゃない? 読みやすいし、手を出しやすいですよね。

リハビリ期間においては、それでもいいかもしれないとは思いますが、ある程度、「そろそろ本腰《ほんごし》を入れてやろうか」という段階になったときには、あまり、そういうイージーなハウツーものの本には手を出さないほうがいいんじゃないかな。もう少し英語に関して、ちゃんとした経歴のある方のものを勉強しないと、間違いを犯《おか》すことがあるので、ちょっと気をつけなければいけないと思いますね。

確かに、「文法書にまで戻って、十回も繰り返せない」という言い方も、分からないことはありません。

だから、実用的な英語の本を勉強しても構わないんですけども、その場合には、少なくとも、それを書いている人の経歴等を見て、「正式に英語の勉強をしている」と思われる人のものを読むようになされたほうがよくて、そのへんがよく分からない人のものは、ちょっと気をつけたほうがいいでしょう。

今、そういうものが、やたらと溢れているでしょう？　経歴を見ても、「名前と、ＴＯＥＩＣ九百九十点満点取得ということ以外、何も分からない」という人もありますからね。確かに、TOEICならTOEICで、そればかりやっていると、よくできる人はいますけど、それ以外の経歴が書けないのは問題がありますよね。経歴がないと、「いったい、いかなる人物なのか」が分からないので、やはり問題がありますよ。

資格試験として、（高得点が）取れないことはないんだろうけれども、「そういうものだけ」という人は、私は、いちおう疑いますね。

やはり、きちんとした学問的な固めを経験している人でないと、もうひとつ信用できない。

それは、なぜかというと、先ほど言った、外国語を学ぶ際の「知的正直さ」というか、「良心の部分」に欠けるところがあるかもしれないからです。

特に、「一分間で」とか、「何秒で」とか、「何時間で」とか、そういう類《たぐい》には、ちょっと怪《あや》しいものが多いし、まあ、TOEICブームだから、〝類似品《るいじひん》〟や〝無資格営業〟がとても多いので、気をつけられたほうがいいのではないでしょうか。

本当に、それだけの点数を取っているかどうかも分からないですし、実際に取っていたとしても、正規に勉強していない人の本を読むと、点数を上げること自体はできても、何か変なものが混在してきて、恥《はじ》をかく可能性があります。

あまり、こんなことを言っちゃいけないのかな？　ここも、何かつくっていらっしゃるようではあるから、あまり言ってはいけないのかもしれませんけどね（注。二〇一三年四月現在、大川隆法編著または監修《かんしゅう》の英語関連テキストを、会内向けに百数十冊刊行している）。

でも、ここの総裁は、正規に勉強なされたようで、そのへんの、「間違っているか、間違っていないか」みたいなところを、非常に鋭敏《えいびん》に感じ分ける力をお持ちのようなので、心配はないと思います。

むしろ、外で、英語で飯《めし》を食っているような人のほうが危ないので、よく経歴を見たほうがよろしいかと思いますね。よく売れているからといって、必ずしもいいとは限らないのでね。まあ、そういうところです。

日本語の教養がなければ、「格の高い英語」は教えられない

渡部昇一守護霊　でも、ときどき「発奮」は要ると思う。人生においては発奮が必要です。若いころはともかく、四十歳《さい》を過ぎ、四十歳から五十歳のあたりで、やはり、一回、発奮して、「何か一つ、カチッとしたものをやってみようかな」という気持ちが要ると思うし、「六十の手習い」ではないけど、やはり、もう一回やり直す必要はあるね。

私（渡部氏本人）も、他の外国語をやっていますけど、ときどき、何ていうか、志を掲《かか》げて発奮しなければ駄目《だめ》なところがあるように思いますね。

あとは、「日本語ができない人の英語も、本当は駄目なのだ」ということも知っておいたほうがいいですよ。「英語通で、英語使い」と言っても、日本語で文章を書いたり、日本語で本を読んだりできない人、要するに、「日本語の教養がない英語使い」というのは、基本的に駄目です。やはり、日本語のほうもキチッと分かっ

ている人の英語のほうが信用できます。

つまり、英語に関しては、「英語が分かれば、日本語が正確に分かるようになり、日本語を正確に理解していると、英語が分かるようになる」という関係があるんです。「いいかげんな日本語しかしゃべれない、書けない」という人が、英語だけは正確にしゃべれて書けるかというと、そんなことは絶対にありえないですよ。

言葉のセンスというのは一緒《いっしょ》だから、日本語に関して正確に聞き取れて、書けて、話せて、読める人で、正式に英語をやった人から、英語を習うのがいいと思う。

（質問者に）あなたなんか、ずいぶん英会話学校へ通っていらっしゃったと思いますが、そういうところでは、あなたぐらいの学力の人がいっぱい教えているから、気をつけないといけないんですよ。似た者同士のレベルで教え合っていることが非常に多いので、やはり、もう一段、教養のステージが上がった人でないと、「格の高い英語は、こうなんだ」ということが教えられない。そのへんが大事ですね。

だから、一定のレベルを超《こ》えたら、日本で大した職業に就《つ》いていない外国人なんかから英語を教わると、「危ないレベル」というのがあるんですよ。日本に来て、とりあえず職業に就くために、英会話学校で先生をしている人は大勢いるけど、それは、気をつけないと、いいかげんな英語なんです。

逆に、あなたがたが知っている日本人で、「外国人が、この人に日本語を習って、本当に大丈夫《だいじょうぶ》かなあ」と思う人は、いっぱいいるでしょう？　「日本人だから日本語を教えられるか」といったら、そんなことはないでしょう？（笑）　日本人が見れば、「あの人に日本語を教わって、本当に大丈夫か」と思う人がいるでしょう？

それが、英会話の世界ではまかり通っているんですよ。

（英会話学校に）採用される以上、ある程度は、できるんでしょうけども、一定のレベルになると、〝怪しい関係〟が出来上がってくるので、それを感知したら、やはり、自分でレベルを上げていくなり、正式に海外留学をするなりしないと、それ以上、ステージは上がらないだろうと思いますね。そういうふうに思います。

やはり、年を取ってからは、「発奮」が大事です。飽《あ》きっぽくなっていて目移りしやすく、継続《けいぞく》するのがとっても難しいから、「克己心《こっきしん》」が要ると思いますね。

武田　ありがとうございます。そろそろ、お時間も来ておりますので……。

渡部昇一守護霊　あ、そうですか。

6　英語学習は「ボケ封《ふう》じ」に効く

老年期には、海外旅行などをして英語を使うこと

武田　最後に、一言、老年期を迎《むか》えた方への英語学習の勧《すす》めといいますか、何かメッセージがございましたら、お願いいたします。

渡部昇一守護霊　いや、あのねえ、おたくの祈願《きがん》も「ボケ封《ふう》じ」に効くっていう話は聞いたことがあるけども、「ボケ封じ」には、やはり、語学ほどいいものはないですね。「算数や数学もいい」っていう話もあるけど、やはり、あれはつらい……。

武田　つらいですね。

渡部昇一守護霊　実用性があまりないので、つらくなりますね。「七十歳《さい》を過ぎた数学仲間とかいうのが（笑）（会場笑）、一緒《いっしょ》に集まって、いつも難問を解いているような、そういう年寄りクラブがある」なんて言ったら、もう気持ち悪くて、「取材の対象」になるでしょうね。

武田　（笑）はい。そうですね。

渡部昇一守護霊　テレビが取材にやってくるぐらい、まれに見ることでしょうけどもね。

まあ、年を取っても、語学をやると、友達ができたり、会話をしたり、あるいは、海外旅行のチャンスがあったりします。そういう意味で、海外旅行なんかも楽しみにして行くといいよ。

定年退職後に、世界一周クルーズなんかに行くことを楽しみにしている人がいるけども、「日本語しかしゃべれないので、奥《おく》さんとだけ話をしてクルーズをする」みたいなのは、やはり、さみしいものです。行く先々で、ちょっとは英語を使えたほうがいいと思う。

先ほど、「日本人は、（日本語をしゃべれない）外国人を人間とは思っていない」みたいな言い方をちょっとしたけど、英語圏《けん》の人たちも、基本的に、英語をしゃべれない外国人のことを人間だと思っていないんですよ。「逆も真なり」です。

だから、海外旅行に行っても、英語を全然しゃべれず、〝沈黙《ちんもく》の艦隊《かんたい》〟というか、〝沈黙の部隊〟というか、ガイドのあとを、沈黙してゾロゾロゾロゾロと何十人も付いて歩いている日本人の姿は、もう軍隊蟻《あり》みたいなもので、向こうの人は基本的に人間だと思っていません。日本人は、そういうふうに思われていることを知らないでしょう。

だけど、「英語をしゃべれない人は、人間ではない」と、英語国民は思っているので、やはり、勇気を持って、勉強したことをしゃべる練習をしたほうがいいですね。海外旅行をするのなら、英語を使うことです。

ガイドや添乗員《てんじょういん》が付いてくることもあるだろうけども、いちおう、それがない状《じょう》況《きょう》というか、そういうプランを一部つくって、自分たちで買い物をしてみるなり、旅館に入ってみるなり、いろいろと英語を使う練習をしたほうがいいと思う。

それで、英語をまくし立て始めたら、バカにしていた向こうの外国人がびっくりしちゃって、とたんに人間として扱《あつか》い始めてくる（会場笑）。急に対等になって、sir が付き始めますよ、sir が。Yes, sir. とか、Certainly, sir. とか、急に言い出します。

英語をしゃべったとたんに、そうなります。しゃべらなかったら、「へへん！」っていう感じで、乱暴な言葉を使っていたのが、急に変わりますから、そのへんは知っておいたほうがいいと、私は思いますね。

「語学をやっていると若返る」ということを実証したい

渡部昇一守護霊　だから、「ボケ封じ」には祈願も効くが、そんなイージーなことはしないで、やはり、日々の訓練によって、脳細胞《さいぼう》を活性化させ、記憶《きおく》の領野や言語領野を活性化させるといい。

さらに、英語の勉強をして「勉強頭」をつくれたら、同時に、ほかの新しい知識などの勉強に入っていかれたらいいと思いますね。若いころに関心を持っていたけど、その後、深くやらなかったものなんかを、もう一回、掘《ほ》り起こしてみるなり、若いころに読み損《そこ》ねた小説なんかを読むなりしたらいいと思います。

「ボケ封じ」には、絶対英語がいい。六十歳を過ぎたら、絶対、英語をやらなきゃ駄目《だめ》だと思いますね。

退職後、英語を勉強している人と、していない人との違《ちが》いは、ものすごく大きいですよ。「会社時代に英語を使った」という人はいるけども、退職したとたんに使わなくなるので、退職後も、まだ英語の勉強をしている人には、必ずセカンドチャンスが来ますよ。やはり、志を持って、頭を鍛《きた》え続けることが大事です。私は、九十五歳まで活躍《かつやく》してみせるからね。見とれえ！　負けないぞ！　ボケないところを実証して見せますからね。語学をやっておれば若返ります。

武田　はい。分かりました。

渡部昇一守護霊　うん。

武田　本日は、本当にありがとうございました。

渡部昇一守護霊　はい。どうもありがとうございました。

7　間違《まちが》いを恐《おそ》れず、堂々と英語を話そう

「知的ごまかしがあってはいけない」という話は、そのとおり

大川隆法　はい。役に立ちましたでしょうか、どうでしょうか。

武田　いろいろと、目から鱗《うろこ》が落ちるようなお話がたくさんありました。

大川隆法　そうですか。ありましたか。

武田　ええ。

大川隆法　「落ちてください」とか（笑）（会場笑）。

武田　（笑）特に、「どこで英語が苦手になるのか」というところは、意外に、初めて伺《うかが》ったようなお話でしたので、「ああ、なるほど」と思いました。

大川隆法　「ごまかしがある」というところですね。

武田　はい。

大川隆法　確かに、そうですね。六割から七割ぐらいできれば、だいたい進学はできますからね。だいたい六、七割できれば、ザーッと上がってはいけるんですよね。

武田　試験にさえパスすれば、もう、それでいいという……。

大川隆法　あまり難しい学校を選ばなければ、どこかには合格できますからね。試験問題で、ある部分が分からなくても、ほかの部分が分かれば、ある程度の点数は取れますが、そこには、「知的ごまかし」があります。渡部昇一さんの守護霊は、そこを指摘《してき》していました。

でも、これは、そのとおりなのです。

それから、「辞書を引く習慣がない」ということも言っていましたね。

〝竹槍《たけやり》〟レベルの英語でも戦わねばならないビジネスの世界

大川隆法　ただ、学校以外の、実際のビジネスの世界の英語では、もちろん、この学者さん（守護霊）が言うようにはならない部分もあることはあるのです。ビジネスの世界では、分からないなかで戦わなければいけない面もあるので、学者さんには経験がない部分も、多少あるとは思いますね。

例えば、「分かろうが分かるまいが、どうしても交渉《こうしょう》をまとめなければいけない」とか、「給料をもらっている者としては、何としてでも通じさせなければいけない」とかいうようなことがあります。「どんなにデタラメな英語であろうと、とにかく相手を納得《なっとく》させて、サインさせなければいけない」という場合などには、「〝竹槍《たけやり》〟かもしれないけれども、とにかく試《ため》さねばならない」ということもあるのです。そういう、実戦英語もあることはあるので、「全部が全部、そのとおりだ」とは思いません。

あるいは、名詞を並べるだけでも〝攻撃《こうげき》〟は可能です。名詞だけの英会話だってあるわけです。それでも、英語を一言もしゃべれないよりはよくて、名詞だけでも並べたら、それで言いたいことぐらいは通じますよ。

できれば、形容詞を付けられたら、さらにビューティフルです。形容詞と名詞ぐらいは使えるといいですね。次には、「動詞だけは使える」というレベルもあります。「助動詞は使えないけれども、動詞は使える」というレベルの英語も、あることはあるのです。

文法的にいいかげんでも、堂々と英語を話す姿は感動的

大川隆法　本当の英語国民ではない、第三国の人の英語の場合には、けっこう文法的にいいかげんなものも横行しています。しかし、そういう人でも、先ほど話に出ていたCNN等のインタビューを受けると、文法的にはいいかげんな英語を、堂々と胸を張ってしゃべっていますので、その意味では偉《えら》いと思います。「そのレベルの英語で、よく答えているな」と思うので（笑）、すごいなあと思いますね。

やはり、「間違いそうなので、一言も話さない」というよりは、六割でも七割でも話せたほうがよいのです。何を言っているかよく分からないけれども、とにかく一生懸命《いっしょうけんめい》に英語を話している人を見ると、私は非常に感動を受けます。

武田　そうですね。

大川隆法　「これは、英語らしい。どうやら、英語を話しているらしいが、このレベルの英語で堂々と答えているのは、すごいなあ」と思うことがあるので、そういう意味では、見習わなければいけないところがあるかもしれませんね。

できたら、英語国民からsirを使われるぐらいの英語を話せるようになりたいものです。

武田　はい。そうですね。

大川隆法　それは、「尊敬の念を感じる」ということでしょうからね。

では、そんなところでいいですか。

武田　はい。ありがとうございました。

第2章

渡部《わたなべ》昇一《しょういち》流・潜在《せんざい》意識成功法

二〇一三年三月二十日　渡部昇一守護霊《しゅごれい》の霊示《れいじ》

東京都・幸福の科学　教祖殿《きょうそでん》　大悟館《たいごかん》にて

質問者　※質問順

武田《たけだ》亮《りょう》（幸福の科学副理事長　兼《けん》　宗務《しゅうむ》本部長）

斉藤《さいとう》愛《あい》（幸福の科学理事　兼　宗務本部第一秘書局長　兼　学習推進室顧問《こもん》）

［役職は収録時点のもの］

1 「潜在《せんざい》意識成功法」も研究している渡部《わたなべ》氏

大川隆法　最近、渡部昇一《わたなべしょういち》さんとは同年代の評論家である日下公人《くさかきみんど》さんや竹村健一《たけむらけんいち》さんの守護霊《しゅごれい》から霊言《れいげん》を頂きましたし（『日下公人のスピリチュアル・メッセージ』『竹村健一・逆転の成功術』〔共に幸福の科学出版刊〕参照）、もう亡《な》くなられましたが、渡部昇一さんの盟友だった谷沢永一《たにざわえいいち》さんからも、すでに霊言を頂いています（『幸福実現党に申し上げる――谷沢永一の霊言――』〔幸福実現党刊〕参照）。

渡部昇一さんの守護霊からは、昨年（二〇一二年）、英語学習に関しての霊言を頂いたのですけれども（本書第1章参照）、「それだけでは少し申し訳ない」と感じておりますので、今回は、特に範囲《はんい》を限らず、さまざまなことについてお話しいただけたらよいのではないかと考えております。

今回の霊言のタイトルは、「渡部昇一流・潜在《せんざい》意識成功法」と付けましたが、これは、もちろん、「守護霊のご意見」という意味において、まさしく、「潜在意識からの『成功法のアドバイス』」でもあります。

実は、渡部昇一さんは、表向きの顔である学者や評論家としての活動以外に、もう一つ、「大島淳一《おおしまじゅんいち》」というペンネームで、三十代ぐらいの若いころから、マーフィー博士の潜在意識についての理論を翻訳《ほんやく》・出版されていたようなのです。

ただ、このことが明かされたのは、だいぶ、あとになってからでした。私も、そうとは知らず、「別の人だ」と思いながら、それぞれの本を読み、両方から影響《えいきょう》を受けていたわけです。

そういう意味で、渡部さんは、まだ、教授になってもいない三十代の若いころに、マーフィー流の成功法を研究され、実際に、学者や評論家として、実践《じっせん》に生かされたこともおありなのではないかと思われます。

私たち幸福の科学も、幸福の科学学園（学校）をつくったり、あるいは、幸福実現党（政党）をつくったりして、渡部さんが関心をお持ちであるあたりにも踏《ふ》み込《こ》んでおりますので、アドバイスを頂けることも多いのではないでしょうか。

また、私が、渡部さんに言及《げんきゅう》することが多いため、当会の会員にも、だいぶ、渡部ファンが多いようです。

そういうことで、今日は、第三者の立場から、幅《はば》広く、さまざまな意見をお聴《き》きできれば幸いかと考えております。

それでは、あまり前置きは長くせず、内容に入っていきましょう。

上智《じょうち》大学名誉《めいよ》教授にして評論家の渡部昇一さんの守護霊をお呼びしたいと思います。

渡部昇一さんの守護霊で、今、本人に最も影響を与《あた》えておられる方よ。どうか、幸福の科学　教祖殿《きょうそでん》　大悟館《たいごかん》にお出《い》でくださいまして、われらに、さまざまな活動や、今後の方針についてのご意見等を、お与えくださいましたら幸いであります。

渡部昇一さんの守護霊、流れ入《い》る、流れ入る、流れ入る、流れ入る、流れ入る。

（約十秒間の沈黙《ちんもく》）

2　どうすれば「潜在《せんざい》意識」を使って成功できるのか

成功を早める秘訣《ひけつ》は「勇気」

渡部昇一守護霊　（咳《せき》をする）ああ、前、録《と》ったんですよねえ。もう、私も内容を忘れてしまったんですが、忘れたところに、また、出してくださるとの話であるので……。

武田　はい。そうなんです。

渡部昇一守護霊　同じことを言ったら笑われるかもしれませんね。

武田　いえ、昨年は、英語学習につきまして……。

渡部昇一守護霊　ああ、そうですか。

武田　主に、「どうしたら英語ができるようになるのか」というお話を頂きました。

渡部昇一守護霊　いや。私も訊《き》きたいぐらいだよ。どうやったら、できるようになるんだろうなあ。

武田　（笑）前回の霊言《れいげん》を拝聴《はいちょう》した方々からは、「渡部先生に、素晴《すば》らしいヒントやアドバイスを頂き、非常に参考になりました」というような感想が、多数、寄せられました。

渡部昇一守護霊　いやあ、「自分にはできなくても『英語学習』を語れる」というのが評論家の条件なんです。こういうことができるのが大事なんですよね。「できるようになったら教える」というのでは、もう人生が終わっていることが、ほとんどなんだ。だから、「できないけれども語れる」というのが、成功を早める秘訣《ひけつ》であり、評論家になる秘訣でもあるわけです。

これをやるのが、やはり、勇気でしょうね。勇気なんじゃないでしょうか。

武田　しかし、渡部先生は、海外の大学に留学もされ、書かれた論文が、卒業後に、その国で本として出版されるぐらいの方ですから……。

渡部昇一守護霊　みんな読んでいないからねえ。本当は、レベルが分からないんですけど、自分で宣伝しておく分には、「そうかいな」と思ってくれるじゃないですか。

ほとんどの人は読んでいないからね。万に一人も読んでないから。アッハハハハ……。

武田　今のお言葉を真に受けてはいけないとは思いますけれども……。

渡部昇一守護霊　ああ、そうですか。

若いころに貧乏《びんぼう》したからこそ、〝兵糧《ひょうろう》〟を蓄《たくわ》える方法を考えた

武田　本日は、前回よりも、もう少し範囲《はんい》を広げまして、一般《いっぱん》的な分野の成功法についても、お伺《うかが》いしたいと思います。

冒頭《ぼうとう》、大川総裁からもお話がありましたけれども、渡部先生は、マーフィー博士の成功論に関して……。

渡部昇一守護霊　あれ、よかったでしょう。ねえ?

武田　はい、よかったです。

渡部昇一守護霊　いいのよ、あれ。うん、うん。

武田　「大島淳一《おおしまじゅんいち》」というお名前ではありましたが、発刊された本が、当時、たいへんなベストセラーになりました。

渡部昇一守護霊　うん。実は、ミリオンセラーになっていてねえ。私の本については、「四十代で書いた『知的生活の方法』がミリオンセラーになって有名になった」と思っている人が、ほとんどなんだけどね。

実を言うと、その前に、マーフィーさんの本で一儲《ひともう》けしておりまして、それで、本代を稼《かせ》いだし、学者の〝株〟を買ったようなものなんですよ。

武田　そういうこともありまして、本日は、その成功論や蓄財《ちくざい》論について、お伺いしたいと思います。

渡部昇一守護霊　蓄財論は、ちょっと厳しいなあ。だいぶ使っちゃったから……。蓄財論については、「評論家」であれば行けるんです。まあ、言ってもいいんですね。人のことを言えばいいわけだから。

武田　東京大学の林学《りんがく》の教授だった本多静六《ほんだせいろく》さん（一八六六～一九五二）の話をもとに、蓄財法に関する本も書かれていたと思います。

渡部昇一守護霊　そうです。若いころから関心がありましたのでね。

武田　そのあたりについても、お伺いしたいと思います。

渡部昇一守護霊　まあ、若いころ貧乏《びんぼう》したからさ。そういう経験をした人は、やはり〝兵糧《ひょうろう》〟を蓄《たくわ》える方法を考えるからね。学生時代には、ちょっと予定外の厳しさがあったので、「考えざるをえなくなった」というところだなあ。

ただ、正統な大学教授が金儲けの話を説くと、信用されなくなる。これは難しいところではあるんだけどね。

繰《く》り返しイメージして潜在《せんざい》意識に落とし込《こ》む

武田　本日は、「渡部昇一流・潜在《せんざい》意識成功法」というタイトルですので……。

渡部昇一守護霊　成功法を説きゃいいわけね？　まあ、いいですよ。

〝評論〟しますから、何でも、どうぞ！

武田　（笑）まず、一般的な観点から、「潜在意識を使った成功の方法」について、お話を頂きたいと思います。

渡部昇一守護霊　いや、それは、あなたがたのほうが本家《ほんけ》だろうから、よくご存じなんじゃないんですか。

「思ったことは実現する」という法則ですよね、簡単に言えばね。それは宗教のほうが詳《くわ》しいだろうし、「釈迦《しゃか》に説法《せっぽう》」になるから、そんなに言いたくはないけども、まあ、ありがたいことに、「私みたいな俗人《ぞくじん》であっても、それを使えば成功できる」という法則があるわけですよ。

これは、マーフィーさんだけではなく、二十世紀最大の発見の一つであるわけでね。十九世紀から二十世紀にかけて、「心理学」というのが発見されましたよね。

それで、「人の『思いの力』というのは、そうとう大きいものだ」ということが、いろんなかたちで分かってきた。それが、結局、アメリカの発展の理由の一つでもありましょうね。

アメリカの実業家たちは、みんな、この「思いの力」を使っています。この考えは、非常に大きいですよね。

いちいち名前を出さなくても、アンドリュー・カーネギーだとか、ナポレオン・ヒルだとか、みなさんは、いろいろな方を、たくさん知っているでしょう。

私は、そういう大企業家《きぎょうか》を語るには、ちょっと力不足ではありますし、まあ、松下幸之助《まつしたこうのすけ》さんについては、本を書いたこともありますけれども、だいたい、みんな、そういう「思いの力」を使っていますわね。

ただ、「『思いの力』を使う」という言い方もあるけれども、言葉を換《か》えれば、それは、「この世的に成功の条件が揃《そろ》ったから成功したわけではない」という事例ですよね。そういうことですよ。

つまり、「この世的に、これだけ揃っておれば、完全に成功するだろう」ということで成功したのなら、別に何の話にもならない。当たり前のことですよね。だけど、「この世的には、条件的に欠けているものが、いっぱいあるにもかかわらず、成功を成し遂《と》げた人がいる。そのときに、『思いの力』が強く働いている」というわけです。

それを、「情熱」とか、「信念」とか、いろいろな言い方はできるけれども、「そのもとになるものは何か」ということですよ。要するに、表面意識的な、頭で考えたことだけではなく、「情熱」とか「信念」とかが、深ーいところまで降りていったときに、つまり、マーフィー的に言えば、「眠《ねむ》っている間」に、それが、夢のなかなどでヒントになって現れたり、本人の魂《たましい》の傾向性《けいこう》になって現れたりしてくるわけですよね。

マーフィー的に言わなくても、やはり、持続して考えているようなことは、自然に、その人の人品骨柄《じんぴんこつがら》を表してきますから、そういう意味で、「大志は実現する」

と言えますわね。

そのように、「繰《く》り返し繰り返し、自分でイメージして、深いところまで落としておく」ことが大事です。

「ポジティブに考える」ことで始まる善の循環《じゅんかん》

渡部昇一守護霊　しかし、熱心に勉強した人に多いと思うんだけど、人間には、ネガティブに、悲観的に物事を考える傾向があるので、「一見、優等生なんだけれども、現実の世界では成功が遅《おそ》くなっている」というケースは多いですね。

「石橋を叩《たた》いて渡る」のはいいとしても、用心深すぎて、〝石橋〟が現れてくる、もっと前の前から叩いているような人が多いわけです。

まあ、〝石橋〟に辿《たど》り着いてから叩いて渡ればよろしいんですけども、秀才《しゅうさい》には先が見えすぎて、ずーっと前に〝石橋〟が見えただけの段階で、すでに用心し始める傾向がありますね。官僚《かんりょう》主義とか、大企業病とかは、みな、そういう感じですよ。

だから、ネガティブなことを考えている時間を、できるだけ短くして、ポジティブなことを考えている時間を長くすることが、基本的には大事ですよね。

そうすると、人生観が明るくなるし、積極的な発言が増えてきますので、周りの人からの評価が上がってきたり、頼《たよ》りにされたり、人気が出てきたり、そういう、いいことが起き始めるわけですよ。

「あなたがたは、暗いセールスマンと明るいセールスマンの、どちらから車を買いますか」と訊かれたら、やはり明るい人から買いたいですよね。簡単に言えば、そういうことです。

「この車は新車ですけれども、発売されて間もないので、どんな欠陥《けっかん》があるか分かりません。意外な大事故が起きるかもしれませんが、よかったら買って、乗ってください」と言われる場合と、「すでにあるモデルを、さらに改造し、ここをよくして、こういうふうに燃費がよくなり、雪道にも、雨の日の道にも強くなって、実にいい乗り心地ですよ」と言われる場合とだったら、買うときの気分も違《ちが》うわね。

同じく二百万円を払《はら》うにしても、「いい買い物をした」と思って、いい気分で帰るのと、「もしかしたら騙《だま》されたかも」と思って帰るのとでは、だいぶ違う。

そういうことで、人生は、基本的に明るく考えたほうがいいんですよ。

だけど、その場だけ取り繕《つくろ》おうとしても、ばれてしまうので、日ごろからの精神鍛錬《たんれん》が必要なわけです。

だから、「潜在意識成功法」というのは、要するに、「表面意識的に考えたら、成功の材料は十分でないにもかかわらず、成功する方法」であるし、たとえて言えば、「カレーをつくる材料が揃ってないにもかかわらず、カレーをつくってみせる方法」ということでございますね。

3 守護霊が語る「渡部氏の成功のポイント」

ささやかなことを「ラッキー」と捉《とら》えて「チャンス」に変える

武田 「日ごろの精神鍛錬《たんれん》が必要」とのことでしたが、その精進《しょうじん》が「続く方」と「続かない方」がいると思います。

ただ、成功者と呼べる人が少ないことを考えますと、多くの人にとって、「精進の継続《けいぞく》」は、なかなかできないものなのかもしれません。あるいは、成功を妨《さまた》げる心を持ってしまっている可能性もあるのではないでしょうか。

このあたりのことについて、アドバイスを頂ければと思います。

渡部昇一守護霊 いや、それは、やはり、「考え方」なんですよね。

私の流儀《りゅうぎ》で行けば、「ささやかなことを、大きくラッキーなことだと捉《とら》えて、そのチャンスを生かしていく」ということが大事なんですよ。

まあ、本にも書いてありますけれども、私は戦後間もないころ、上智《じょうち》大学に行きました。当時は、何百人かぐらいしかいない、小さな大学です。あなたがたのつくろうとしている大学も、そんなものかもしれないし、上智は全学で数百人だったから、もっと小さかったのかもしれません。

そんなところに入っても、田舎《いなか》のある山形県に帰ったら、みんな、「上智大学なんて聞いたことない」という人ばかりで、「耶蘇《やそ》教の学校だって？　何を、よりによって、そんなところへ行くんだ」と言われるからね。

私は、東京教育大学といって、今の筑波《つくば》大だけど、昔、学校の教員をつくるのでは、日本でいちばん権威《けんい》があった大学を第一志望にしておったんだけども、そのとき、たまたま、受験日程が六月に延びていて、上智大学のほうが早く決まったんだ。

それで、その間、時間が空《あ》いているから、三カ月ぐらい通ってみたんだけど、よかったんで、そのまま行ってしまったわけです。

まあ、故郷《こきょう》の先生がたが上京して、いろんな学校を回ってきたんだけど、その年に限って、上智大学をやたらと薦《すす》めたんですよ。「卑《いや》しい大学でなかった。人品骨《じんぴんこつ》柄《がら》卑しからぬ、本当に礼儀正しい、徳のある先生がただった」というようなことを言っていました。

まあ、その理由は、すぐに分かりましたけどね。彼らは神父さんたちで、聖職者たちだったから、ほかの大学に比べて、全然違《ちが》うよね。それを、郷里《きょうり》の先生がたが見て、「立派な人たちが運営しているから、いいんじゃないか」みたいなことを言ったんで、何人か受けて、入ったわけですよ。

もちろん、不満を持って辞《や》めて、ほかの学校に行った人もいますが、そういう人たちは、大して成功していません。

私は、いったん入ったら、カトリックの雰囲気《ふんいき》にも影響《えいきょう》を受けたし、さらに、外国人の先生が多かったから、英文学科の学生として、外国人に英語を教わるチャンスがすごく多くて、とてもいい感じでした。戦後、外人に英語を教わるのは珍《めずら》しいケースだったので、わりに気に入ってしまったんですよ。

それで、東京教育大学の受験の前には、もう居ついてしまったし、戦後間もないですから、東京教育大学へ行っても、たぶん、外国人は、そんなにいなかっただろうと思うんですよね。

そういう意味では、本物の英語を勉強できる感じがしたのかなあ。

それから、神父さんもいたので、人生論的なものを持っている方が多かった。やっぱり、「戦後の日本の立て直し」ということは意識のなかにはありましたから、人生論のようなものが非常に大事だった時期でもあったのかなあと思う。

それをプラスに評価した私は、その後、成功したわけで、上智も優秀《ゆうしゅう》な成績で卒業し、大学院にも行けて、ドイツに留学させていただく結果になりました。

歴史に「イフ」はないけれども、もし、三カ月待って、東京教育大学、今の筑波大学に入っていたとしたら、どうでしょうか。

まあ、東京教育大学と言ったら、ほとんど校長先生の〝産出地〟ですよね。昔の校長先生や教頭先生は、みんな、東京教育大学を出ていましたから。

だから、もし入れたとしても、私は、田舎のほうの、大した秀才ではありませんでしたので、「平凡《へいぼん》なあたりでうごめいていた」というか、「首を出すのがやっと」という可能性は高かっただろうし、目立たなかったと思う。だから、卒業生総代になることもなければ、留学の話も来なかったのではないかなあ。

その意味で、「ラッキーだったな」という感じはするんです。

ただ、私は、そういうふうに感じたんですが、そういうふうに感じなかった人は、途中《とちゅう》で辞めて、別なところに入り直しました。上智の評価も、今は、ちょっとだけ上がって、早稲田《わせだ》に近づいてきていますけども、昔はそんなに高くなかったですからね。

だから、「考え方」です。

ドイツ留学で成功した「思いがけない理由」

渡部昇一守護霊　それと、英文学科に進み、大学院（修士）を出たら、本当はアメリカへ留学するのがいちばんよかったんですが、貧乏《びんぼう》で着るものがなく、汚《きたな》い格好をして、礼儀も大してわきまえてなかったので、成績はよかったんだけど、外国人の先生から、「アメリカには出せない」という意見が強く出て、ほかの人が選ばれてしまいました。ただ、ガックリきているところに、「ドイツ行き」の話があったんです。

ドイツ語は、大学時代に週一時間ぐらいしか勉強してなかったから、基礎《きそ》的なところしか勉強できていなかったんだけど、そのときに、「ドイツでもいいや。とにかく海外へ行ってみたい！」ということで、エイヤーッと飛んだんですね。

それが成功したし、ドイツで書いた博士論文が、向こうで出版されました。これは、ものすごく名誉《めいよ》なことで、まだ二十代の日本人としてはありえないことです。

「英文法史」について書いた三百ページもの論文が、最優等の評価を受けて、ドイツで出版され、権威あるものとして認められたわけです。

その後、ついでに、イギリスに寄ってから帰ってきたんですけれども、本格的に英文法の成立史を書いたのは、世界で私が最初なんです。その資料は、英語圏《けん》のほうではなく、ドイツのほうに多かったので、それがよかったんです。

「悔《くや》しさ」をバネにして精進《しょうじん》し、成功のチャンスを狙《ねら》う

渡部昇一守護霊　しかし、それを日本で、語学が専門の出版社から出そうとしたって、相手にしてくれないんですよね。あの屈辱《くつじょく》は、いまだに忘れませんよ。

「上智大学の先生の本では、権威がないから、出しても売れません。帝大《ていだい》の先生の名前だったら出せますけど、上智の先生ではねえ」と言われて、いくつもの出版社から断られました。結局、ある出版社で、「自分で全額出して自費出版する」と言ったら、「そこまで言うんでしたら」ということで、そこが、半分ぐらいお金を

出して発刊してくれたんです。幸いにして、版を重ねて出ましたけれどもね。

ただ、ドイツでは、あれだけ歓迎《かんげい》されて出したたし、「天才だ」と言われたんですよ。ドイツへ行ったときには、ドイツ語の会話も全然できなかったところを、半年ぐらいかけて猛《もう》勉強し、英語で論文の下案を考え、そのままドイツ語で書いていきました。それが本になって出たんです。

向こうでは、中身さえよければ、上智大学であろうが、東大であろうが、京大であろうが関係ないのであって、内容で評価されたわけだけど、そうして出た本が、日本の出版社では認められなかったので、やはり屈辱はありましたね。

だから、最初の本については、思い出したくない感じはありますが、そういう屈辱もあって、ずっと勉強を続けられましたし、その後、イギリス国学協会の会長をやるようにもなりました。

だって、「上智の先生に何ができるか」と言われたら、悔《くや》しいじゃないですか。

ただ、そのおかげで、ずっと勉強を続けられたところもあるし、その裏では、

「大島淳一」の名前でマーフィーの本を出して、生活の資金、"兵糧"を稼ぎ、ほか の立派な大学の先生がたが持っていない〝軍資金〟を蓄《たくわ》えたんです。それで、洋書だって、日本語の本だって、たくさんの本を買えますからね。

学者になるには、やはり資金力というのは大きいですよ。だから、昔は、学者になるためには、いい学歴で、金持ちの家に婿《むこ》養子に入ったし、その結婚《けっこん》も「条件付き」で、だいたい、家督《かとく》をもらうぐらいのつもりでないと学者にはなれなかったんです。金持ちの家の子は、そんなに優秀でないことが多かったのでね。

それを、「自分でお金をつくってやれた」というところがよかったですよね。

このように、「小さなこと」を「大きなこと」と捉えて感謝し、それをチャンスと見て自分の成功の材料と考えることができた人には、次なる成功が来るんですけども、そのチャンスを逃《のが》す人もいるわけです。

まあ、悔しい思いはいっぱいあると思います。今なら、「上智の先生は、語学ができるだろう」と思ってもらえるけれども、戦後の、あのころには、「上智の人の本なんか出せない」と言われました。確かに、もっと立派な大学を出た英文学博士が大勢いらっしゃるから、「権威がない」と言われたのは、「そのとおり」だったけど、私は、その悔しさを忘れず、それを精進《しょうじん》に生かしていって、チャンスを狙《ねら》ったわけです。

「英文学に開眼」したフルブライト交換《こうかん》教授時代

渡部昇一守護霊　本当であれば、まず、英語圏に留学しなきゃいけなかったんだけど、そのチャンスは逃してしまったので、四十代の前に、フルブライト交換《こうかん》教授で、アメリカへ一年間、行ってきました。家族を置いて行くのは勇気が要《い》ったんですけど、アメリカの各大学で、日本の文化や文化史などについて、英語で授業をしてきたわけです。

向こうでは、社会人の学生も多かったんですけれども、その間、彼らに、「君らが読んで面白《おもしろ》かった本は何か」と訊《き》いて、一生懸命《いっしょうけんめい》、本を読み続けました。そして、とうとう、「英文学に開眼した」というか、「『面白い』と感じるところまで来た」というか、「不全感がなくなった」というか、「読むことの快感」みたいなものを覚えて、それがうれしかったんですよ。

明治期に、文部省の留学生として、夏目漱石《なつめそうせき》がロンドンに留学したときに、「漱石、狂《きょう》せり」という電報が日本に届いたりしたそうですが、その感じは分かりますよ。それは、「英文学を読んでも分からなくて面白くない」という感じでしょう。「とうとう漱石は発狂した」という電報が来るぐらいまでになったわけですが、英文学を読んでいて、「面白い」という感じがしなかったんだと思います。

しかし、私は、(漱石より)もう少し年は取っていましたけども、四十歳《さい》になるころに、英文学を読んで、「ああ、面白い」という感じまで到達《とうたつ》したんですよ。

それは、「一つのラインを超《こ》えた」という、「悟《さと》り」かなあ。剣《けん》の世界で言えば、「免許皆伝《めんきょかいでん》」のレベルになったのかなあ。まあ、それが自信になりましたね。

もともとは、大した秀才でもないし、劣等生《れっとうせい》ですので、やはり積み上げですよね。

「継続していく力」がなければ、大きな成功はありえないと思います。

神の恵《めぐ》みに感謝する気持ちが「成功の牽引力《けんいんりょく》」

渡部昇一守護霊　「成功のポイント」としては、留学もあったし、マーフィーを訳して当たったのもあったし、それから、四十代で『知的生活の方法』を新書で出したらヒットし、ミリオンセラーになって、日本中にブームが起きたこともあります。おかげさまで、その副産物として、上智大学がすごく有名になりました。ほかに活躍《かつやく》している人は、そんなに多くなかったせいか、大川先生からは、「大学の格まで上がった」「偏差値《へんさち》を十ぐらい上げたのと違いますか」というようにほめていただいたこともあるんですが、そういうところもあったかもしれません。

もちろん、弱小私大であったからこそ、評論活動をしてもお咎《とが》めがなく、むしろ、大学の宣伝をしているように思ってくれたから、ありがたいですよね。確かに、有名教授を出せば、タダで宣伝できるわけですから。

でも、官学だったら、そうはいかないよね。本業をサボって評論活動をやっていたら、「あいつ、金儲《もう》けに励《はげ》んどる」ということで、いじめられますのでね。そういう意味で、自由にやれたことはよかったと思う。

それは、竹村健一《たけむらけんいち》さんと一緒《いっしょ》で、「逆転の発想」ではあるでしょう（前掲《ぜんけい》『竹村健一・逆転の成功術』参照）。

ただ、逆転の発想をしつつも、「小さな成功に感謝する気持ち」ですね。カトリックの学校だったので、その影響もあるのかもしれんけど、神の恩寵《おんちょう》というか、そういう「恵《めぐ》み」に対する感謝の気持ちが、「成功の牽引力《けんいんりょく》」になっているんじゃないですかね。そんな感じがしますなあ。

天命の発見につながった「恩師との出会い」

武田　今、伺《うかが》ったお話は、渡部先生の考える「天職の見つけ方」、あるいは、「自己実現の方法」といったものになるのでしょうか。

渡部昇一守護霊　まあ、「天職の見つけ方」になるかどうかは分からない。

私は、大学に行く前、山形にいたんだけど、たまたま英語の先生が欠けたので、年を取って引退していた先生が臨時教員として戻《もど》ってきて、教えてくれた時期がありました。

その先生には、ずいぶん恩があるんですけど、和漢洋の本を、すごく読んでいて、また猟銃《りょうじゅう》の権威でもあるような人だったんです。要するに、晩年、知的生活を実践《じっせん》しておられた人で、太公望《たいこうぼう》みたいな人でした。「釣《つ》り糸を垂れている爺《じい》さまが、実は、偉大《いだい》な軍師だった」という話がありますよね。そのように引退の身であったんだけども、時流に流されないで知的生活をやっている人に、たまたま出会い、その人の影響を受けて、英文学に志したんです。

戦争中は、逆に、いじめられ、英語の小説とかを読んでいようものなら教師に取り上げられて、「おまえは非国民だ！　敵性言語の軟派《なんぱ》な本を読んでおる！」と怒《おこ》られていたんですが、戦後、そういう先生がたは、みんな頭を剃《そ》って反省しなければいけない状況《じょうきょう》になってしまいました。

そんなときに、悠々《ゆうゆう》と知的生活をしている、ご老人の先生に教わったわけですが、それが、すごくよかったんです。一時間の授業で、一ページしか進まないときもあったし、一つの単語について延々と講義をするようなこともあったりして、フィーリングが合ったんですよ。

ほかの同級生に訊いてみたら、あまり印象がないようなので驚《おどろ》いたんですけど、私には、とっても相性《あいしょう》がよくて、「こだわったら、とことん追い詰《つ》めていく」という考え方が合ったんです。

上智大学に入ってから、英文学科の先生に教わっていて分からないことがあったので、夏休みとかに帰ったとき、その先生に訊いてみたら、けっこうヒントを与《あた》えてくれたりして、なかなか立派なところがあるんですよ。

「ああ、独学なり、独習なりで、何十年も、ずっと勉強を続けるのは、やっぱり、すごいことなんだな」と感じましたね。

ほかには、そういう影響を受けた人はいないので、私とは、たまたま通ずるものがあったんだと思うんですが、そうした知的生活の理想を感じたことが、天命につながったんです。佐藤《さとう》先生という人ですけども、その先生に会わなかったら、英文学科へ行かなかったかもしれません。

先ほど言ったように、「敵性言語をやっている」と、いじめられたりしたこともあるぐらいだから、英語は、そんなにできたわけでもないんです。

中学一年のときには、中間テストで、“teacher《ティーチャー》”という単語の綴《つづ》りが出題されたんですが、そのときに、兄がいる同級生が、「“teacher”が出るぞ」と言っていたんですよ。でも、「そんな難しい単語が出るわけない」と、高をくくってたら、見事に〝赤座布団《あかざぶとん》〟を取ってしまった。まあ、〝赤座布団〟を、今の人が分かるかどうか知らないけど、「赤点」のことだね。要するに、「英文学科の教授になった人が、最初の英語の中間テストでは、『赤点』、つまり、合格点に達しなかった」ということです。

だって、“teacher”という単語は長いし、読んで、そう発音できないじゃないですか。だから、「こんな難しい単語は覚えられないから、出るわけない」と勝手に決めつけたんだけど、それが出て、できなかったわけです。

そのレベルからのスタートだったのが、あるとき、佐藤先生に会うことによって開花して、少し英語に目覚めました。

それから、大学の卒論では、ラフカディオ・ハーンについて書いたんですけども、佐藤先生が、ハーンに関しても一定の見識を持っておられたのは、すごかったなと思うんです。

「英文を勉強するんだったら、ハーンのものがいい。英文として、非常に素直《すなお》でいい文章だ。英語にも、いろいろあるけども、悪い英文を読んだり、覚えたりしても力はつかないので、いい英文を読まなきゃいけない。ハーンの英語の文章は面白い」と教わっていたので、それで、卒論をハーンにしたんです。

「英語の劣等生《れっとうせい》」から「英語十傑《じっけつ》」へ

渡部昇一守護霊　また、旧制中学のときだったかもしらんけど、英語の試験のときに、「英語十傑《じっけつ》」に名前が載《の》ったことがあったんです。

歩いて学校へ行っていたので、〝二宮尊徳《にのみやそんとく》〟をやりながら、通学の間に一生懸命に覚えていた英語の諺《ことわざ》が、たまたま試験に出て、そのときに、「誰《だれ》も訳せなかった英文を訳せた人がいる」とほめられたのが、きっかけになったかなあ。

それは、「連帯責任は無責任」という英語なんですけどね。〝Everybody's business is nobody's business.〟という英文で、「みんなの仕事は、誰の仕事でもない」というような意味なんだけど、それを、「連帯責任は無責任」と正しく訳せた人は一人しかいなかったので、ほめられて、「英語十傑」として貼《は》り出されました。

そのあたりから、少し自信を持ったようなことがあったけど、その前は劣等生《れっとうせい》だったんです。

まあ、そういうようなことがあるので、人生は分からないですね。どちらかといったら、漢文のほうが好きだったので、そっちでもよかったんですけどねえ。

それに、当時は、「英文学科と言わず、私立の文学部なんかへ行くような男子には、嫁《よめ》の来手がない」という時代でした。「情けなくも、弱小私立の文学部へ行くような男では、食っていけないから、嫁さんが来ない」と言われたんですよ。

優秀な人は、みんなエンジニアを目指してて、だいたい理工系に行っていました。工場が、ガンガン発展して、メーカーがすごくよかった時代ですよね。

そういう劣等感からのスタートではありました。

ただ、上智でも、私みたいになった人は、そんなにいるわけではないので、それから見れば、一種独特の兵法、「潜在《せんざい》意識成功法」みたいな兵法があったのかなと、自分では思います。

宗教者の「瞑想的生活《めいそう》」に感化を受けた大学時代

武田　潜在意識の、もう一段、深い面についてお伺いします。これまでのお話を伺っていますと、やはり、「考え方次第《しだい》」なのだと思うのですが、その「渡部先生の考え方」をつくった思想なり、宗教なり、哲学《てつがく》なりといったものがあったのではないでしょうか。

渡部昇一守護霊　うーん。

武田　先般《せんぱん》、ジョセフ・マーフィーの霊《れい》をお呼びしたところ、「成功に向けて潜在意識を動かすためには、神に祈《いの》ることも大切」といった、精神的な修養面に関してもお話しいただきました（二〇一三年一月三十日、“The Spiritual Message from Joseph Murphy”—How to Attract Wealth by the Power of Mind—〔「ジョセフ・マーフィーの霊言《れいげん》」――心の力で富を引き寄せる方法――」を収録）。

渡部先生からは、どのようなアドバイスがございますでしょうか。

渡部昇一守護霊　いやあ、それを、ここで言うのはきついねえ。本当に「釈迦《しゃか》に説法《せっぽう》」になるな。やはり、言う場所が違う。

俗人《ぞくじん》や学生に対してだったら、いくらでも言えるけど、幸福の科学の教祖殿《きょうそでん》で、教祖様がいらっしゃるところで言うのは、さすがにきつい。

私は、そこまで深くないし、専門の宗教家ではないので、言う資格を持っていないんです。「宗教者たちの瞑想《めいそう》的な生活を傍《かたわ》らで見たり、あるいは、生活環境《かんきょう》を見たりしたことがあって、彼らの深い『智《ち》』に対しては敬意を払《はら》っていた」という程度なんですよ。

私なんかは、「本を読んでの知」ですが、宗教家たちの「智」は、そういうものとは違います。バイブルぐらいは読みましょうけども、一日中、読んでいるわけではありません。まあ、一日中、読書していることには、絶え間なく、おしゃべりしているのと変わらないところもありますからね。

要するに、神と相対座して、祈ったり、瞑想したりすることを生活習慣にしている方々が、大学の構内に住んでいましたから、そういうものの影響は、かなり受けているのではないかと思います。

私は、宗教について、いろいろなことを深く知っているわけではありませんけれども、「カトリックのよき伝統だけは、少し受け継《つ》いでいるのかな」と思うと同時に、ほかの宗教に対して、排撃《はいげき》的なものの考え方では見ていません。どちらかといえば、成功理論につながるようなものを中心に見ていたとは思うけど、「ほかの宗教のなかにも共通してある『いいもの』は、ある程度、認める」という考えを持っていました。

つまり、「カトリックだから、その枠《わく》のなかから出なくて、それ以外のことについては、かかわらない」というような生き方ではなかった。まあ、聖職者そのもののではないこともよかったんでしょうけれども、それが、評論活動として、幅広《はば》く、いろんなところに接触《せっしょく》を持てる理由にもなったよね。

幸福の科学さんにも、いろんな方がいらっしゃるけど、ずいぶん、ファン層としては増やしていただいた感じがするので、ありがたいなと思っています。

「人のよいところを認めて味方を増やしていく」という戦略

渡部昇一守護霊　このコツは、こういうことなんですよ。自分自身のスタート点が低かったし、劣等感も感じるような環境で生まれ育ってきたので、私は、現実に、「人がよく見える」というか、偉《えら》く見えるし、立派に見えるんです。

だから、松下幸之助《まつしたこうのすけ》さんが、「自分は、小学校中退だから、自分より偉い人ばかり使って、工場をつくり、会社を大きくした」と言ってたけど、分かるものがある。

私の場合、いちおう大学も大学院も出ているから、それほどではないけども、いわゆる、東京の山の手のお金持ちの〝おぼんぼん〟で、「一流校を出て」とか、昔であれば「日比谷《ひびや》（高校）―東大を出て」みたいなエリートとは違ったので、ある程度、人を、よく見ようとする傾向《けいこう》は持っていたと思う。

たまに厳しい論敵も出てきましたし、それはそれで戦いましたけども、私は、「九割がたは、人をよく見る」という考え方を持っていたので、その意味では、間接的なサポーターというか、協力者、あるいは支持者が増えたのかな。

これは、松下幸之助さんに学んだことなんですよ。彼は、「自分自身には誇《ほこ》るべきものが何もないけども、偉い人が支えてくれて大きくなったんだ。自分の力じゃなくて、運なんだ」と言っているけど、それに学ぶところがあって、私も、ほかの人たちに対して、よいところをほめてみるような言い方をすることで成功した。

まあ、それをもって「処世術がうまい」と言って批判されたことも、けっこうあるけど、やはり、こちらのほうが、はっきり言って、成功率は高いですわね。

超一流の大秀才で、家柄もいい方だったら、人のことをボロボロに批判なさっても構わないのかもしれないし、そういう資格もあるのかもしれないけども、私はそういう立場にはなかったんでね。まあ、「できるだけ、人のいいところは認めて、味方を増やしていく」という戦略だね。

これは、田中角栄《たなかかくえい》さんなんかもとっておられたと思いますよ。彼は、初めての高等小学校卒の総理大臣だったけど、あの人にも、ポジティブに人を見ることによって味方を増やしていったところはありますよね。

4 「潜在《せんざい》意識成功法」の注意点

武田　渡部先生は、大学の教授をされており、よく若者をご覧になっていました。若者が、潜在《せんざい》意識を使って成功する上で、注意点などがありましたら、教えていただきたいと思います。

渡部昇一守護霊　いやあ、あまりに古くさくて言いにくいんだけども、やはり、「勉強であることが、どれほど大きな威力《いりょく》を持つか」ということを、今の若い人たちは、もっと知らなければいけないと思います。

今、「勉強である」と言うと、戦前の勤労奉仕《ほうし》みたいで、パッとしない感じですよね。そんなのよりは、ハウツーものや、要領のよさみたいなもののほうが流行《はや》るじゃないですか。

「受験は要領だ。いかに要領よく、無駄《むだ》なことは全部捨てて、出るやつだけを絞《しぼ》り込《こ》んで当てて、パーッと短時間で成功してしまうか。これが、頭がよくて、現代的にかっこいい生き方だ」と言う人も現実にいるし、それを言うだけの資格のある方もいらっしゃると思う。だけど、私は、それを言えるだけの資格を持っていなかったし、そういうタイプでもなかったんです。

「勤勉」というのは、（学校時代のような）同じ期間だけでは判定しがたいんですが、例えば、五年、十年と、時間軸《じく》を長く延ばしていくと、やはり、「勤勉な人」と「怠惰《たいだ》な人」の差は出ますわね。

大川先生もおっしゃっていた気がするんだけど、東大の英文科の教授でも、学校から帰ったら、毎晩、ビールを飲んで、プロ野球ばかり観《み》ていて、娘《むすめ》から、「全然勉強していない」と批判されている方もいらしたようです。

まあ、そういう方は、昔は、秀才《しゅうさい》であったことは間違《まちが》いないし、途中《とちゅう》まで秀才だったことも間違いないけども、いったん教授になったら、犯罪行為《こうい》や不祥事《ふしょうじ》を起こさないかぎり、定年までいられるのは分かってますからね。

それに、毎年、新しい学生が入ってくるから、同じ授業を繰《く》り返したって、別に構わないわけです。だから、毎晩、ビールを飲んで、巨人戦《きょじんせん》を観ても、別に困りはしないし、「また、あのテキストを使えばいい」と思えば、やれますよね。

それは、勤勉ではないけど、誰《だれ》も批判する人がいないわけです。

だけど、私らみたいに、若いころから、いろいろと認められないなかをくぐり抜《ぬ》けてきた人にとっては、教授になったからって、「これで最終地点に辿《たど》り着いた」という感じはなかったですよ。

だから、あまりいい言葉ではないかもしらんけども、〝不成仏《ふじょうぶつ》〟な部分を持っていることも大事なのではないかと思うんですよ。

「上智《じょうち》大学の教授になったから、これで人生の目標を達成した」ぐらいの低い志だったら、やはり、続かないですよね。だけど、「そんな二流、三流大学の教授になったところで、まだ成功者とは言えない」という、いい意味での〝怨念《おんねん》〟の部分があれば、「評論活動とかで、政治や経済、文学全般《ぜんぱん》、あるいは、社会事象等に自分のフィールドを広げ、自己拡大していくなかで、その〝怨念〟を解消していこう」と努力していける。

そういうことは、意外に、元エリートだった教授とかにはできないことだよね。

みんな、「自分の狭《せま》い専門のところを守っておりさえすれば、大過なく定年まで行けて、うまく行けば名誉《めいよ》教授になれる」という路線で、だいたい行ってますよね。

まあ、このへんの違いかな。

５　「蓄財法《ちくざい》」について訊《き》く

武田　最後に、改めて、「蓄財法《ちくざい》」に関して……。

渡部昇一守護霊　ああ、蓄財法……。

武田　ええ、何かアドバイスを頂ければと思います。「富を形成するための心構え」等についての〝評論〟でも構いません（笑）。

渡部昇一守護霊　「蓄財」と言うたって、「書庫を拡張するのに銀行から借金した」なんて、自分で書いてしまっているから、そんな、言えるほどのものではないよ。

まあ、書庫の拡大に銀行から金を借りるようでは、大した蓄財がないのは見え見えで、「普通《ふつう》の学者より、ちょっとは使えるお金が多かった」ということですよねえ。

息子《むすこ》や娘《むすめ》がプロの音楽家になりましたけど、プロの音楽家をつくるのには、お金が要《い》るんですよ。普通のサラリーマン家庭では、ちょっと厳しい。楽器とかが、すごく高くて、億単位の楽器があったりするけど、せいぜい贅沢《ぜいたく》としてできるのは、プロになるために、そうした名器を買ってやるぐらいなことかな。まあ、これも、ちょっと借金したかもしれないけどね。

また、書庫を大きくして、山のように横積みになっている本を、縦に並べるだけでも贅沢なわけで、そういうことを「蓄財法」と言っていいかどうか分かりませんが、普通のサラリーマン的な意味での教育者である大学教員よりも、プラスアルファの収入があれば、そういう余地が増えてくることは確かですよね。

まあ、私は、大金持ちになっているわけではないので、「蓄財法」とまでは言えないけども、プラスアルファの収入をつくることで、確かに、研究用の本もたくさん買えるし、家を建て替《か》えたり、書庫を広げたりすることができるわけだね。

逆に言えば、司馬遼太郎《しばりょうたろう》先生みたいに、「『幕末の誰《だれ》それを書く』となったら、その人に関する文献《ぶんけん》は、トラックで運び込《こ》むぐらい、神田《かんだ》の古本屋から全部集めた」というぐらいに金儲けのうまい小説家には、貧乏《びんぼう》作家では勝てませんよ。作家の年収なんて、普通、ローソンのアルバイターと変わらないぐらいで、平均二百万円もあればいいほうですからね。

「資料費を一千万円、二千万円とかけて、文献《ぶんけん》を私有し、それらを好きなように駆使《くし》して書ける。要らなくなったら、ポイッとして、次のをパッと買う」。こうしたことができるなら、やはりスケールは大きくなるし、内容もよくなる。さらに、「よく勉強してるなあ」と思って、お客さんというか、読者が喜ぶわね。

やはり、そういう資本の力は、学問や著述業の世界にまで及《およ》んでいると思います。

ただ、これも、大川総裁に言うには、「釈迦《しゃか》に説法《せっぽう》」なんじゃないですかね。

こっちがインタビューしたほうが、いいような気がする。

武田　（笑）そうですか。

渡部昇一守護霊　「どうやったんですか」って、こっちが訊《き》きたいぐらいですけどなあ。

6 「自己実現」を考える若者へのアドバイス

幸福の科学の「未来型資本主義の原理」に驚愕《きょうがく》する

斉藤　「知の巨人《きょじん》」である渡部昇一先生に質問させていただく機会を賜《たまわ》り、本当に光栄に思っております。ありがとうございます。

渡部昇一守護霊　はあ。ええ。

斉藤　先ほど、「勤勉であること」や「学問の大切さ」について、さまざまにお教えいただいたのですが、現在、幸福の科学でも、未来の成功者を輩出《はいしゅつ》していくために、幸福の科学学園を開校し、二〇一五年には、幸福の科学大学の創設を目指すなど、教育事業を進めております。

そうしたなかで、若い人にとっては、学問や教養、実学に加えて、受験勉強が占《し》める割合は非常に大きいと考えています。

受験勉強に関しては、それを通して教養の道へ入っていく考え方もあろうかと思いますが、若い人にとっての「学問のあり方」につきまして、何かアドバイスや感想等がございましたら、お教えいただければと思います。

渡部昇一守護霊　質問の前提として、あなたがたは、すでに、中学や高校をおつくりになり、大学もつくられようとしているわけですよね。

まあ、私は、これを何回言わなきゃいけないのか分からないけど、「釈迦《しゃか》に説法《せっぽう》」です（会場笑）。なんで、私がアドバイスしなきゃいけないか、訊《き》いてみたいよ。

私は、大学教員として雇《やと》われ、給料をもらって生活を安定させることで、作家というか、評論家業ができたのであって、これを一生、握《にぎ》って離《はな》さなかったほうです。

ちゃんと七十歳《さい》まで働いて、月給を押《お》さえて評論活動をして、いつ干されてもいいようにしていたわけですよ。

それと、「著作を書くことを原動力にして、中学・高校・大学までつくり、それらを経営する」というのはレベルが違《ちが》うので、「どうやったら、そこまでやれるんですか」と、こっちのほうが教わりたいぐらいです。

普通《ふつう》、作家は、マネジメントができないし、自分たちの同人雑誌だって、独立してやろうとしても、だいたい〝三号雑誌〟（創刊早々に休刊・廃刊《はいかん》になる雑誌のこと）で終わりになる。ましてや自分の出版社なんかつくれやしない。

それなのに、ここは、出版社はつくるし、宗教は、日本でも世界でも広げています。さらに、政党をつくって活動したり、とうとう、学校までつくったりしているんだから、こちらこそ、「未来型資本主義の原理」についてインタビューしなきゃいけない。

立場が違うので、非常にお答えしがたいんですが、大学教員であった者として、質問の後ろのほうの、「若い人を教育する教授法」や、「勉強の仕方」などに関しては、何十年か実績がないわけではないし、「意見がゼロ」というわけではないので、そのへんについてだったら、ちょっと言える。

あとの、「全体の経営論」については、私の任を超《こ》えとりますなあ。松下幸之助《まつしたこうのすけ》さんにでも訊いてください（会場笑）。もう、そのへんは分からないから。

「未来設計」のできた者が、受験にも情熱を注げる

斉藤　若い方に対して、「考え方の指針」等がございましたら、アドバイスをお願いいたします。

渡部昇一守護霊　そうだねえ。まあ、難しいわ。こっちが訊きたいぐらいだね。

いわゆる「学歴エリートの旨《うま》み」というのがあるらしいことは分かるんですよ。いろんな人の話を聴《き》いたり、書いたものを読んだりしてると、なんか旨みがあるん

でしょうねえ。東大を出た人が、自分の子供を東大に入れたがったりするのを見ると、なんか旨みがあるらしいんですが、自分には経験がないのでよく分からない。その旨みが説明できれば、「馬にニンジン」みたいなもんで、子供たちを受験に必死で走らせる原動力を示すことができるんですが、私自身は、その旨みがよく分からないのでね。

超《ちょう》一流大学に行ったら、そのあとに、どんないいことがあるのか、みんな、意外に手の内を明かさないですよね。成功した人は、「これで私は、うまいことといった」とは言わない。めったに明かしてくれません。百人に一人もしゃべらないし、書くものだったら、万に一人も書いてくれない。

「私は、受験勉強で、こんなに要領よくやって、ここをすり抜《ぬ》けて、うまいこと、パパパパッと上がったために、大臣になり、さらに首相になりました」とか、「新日鉄か何か、大手メーカーの社長になりました」とか、あんまり書いてくれないんですよ。

「私の履歴書」(日本経済新聞に連載されている著名人の自伝)でも、そういうことは、みんな、あんまり書かないで、うまいこと避《さ》けてらっしゃるんでなあ。

まあ、「受験で成功すれば、どんないいことがあるのか」というのは、予備校や塾《じゅく》の先生が言うてることなんじゃないでしょうかねえ。私は、よく分からないんですけど。


ただ、教員として言えることは、「大学教育が、基本的には、将来の職業を決める意味での通過点である」ということでしょうね。

大学とか、あるいは、学者になるには大学院とかにも行ったほうがよろしいんだと思いますけど、「そこは職業を分類分けする場なんだ」ということは分かります。

「自分が将来どういうふうになりたいか」という観点で職業を選ぶ場合、大学を選び、学部を選び、コースを決めていくことも、一つの選別なのかと思うんですね。

そして、「その未来設計に対して、自分はどれだけ情熱をかけるか」というところに、若くして「悟《さと》り」を開いた人が、受験に熱を入れて、励《はげ》まれるんだろうと思うんです。

ただ、昔のエリートコースというか、「東大を出て、あとは出世コースに乗って、どんどん行った」みたいな人の話は、私には、もうひとつ分からないので、そちらのほうで、分かる人にお伺《うかが》いしたほうがよろしいのではないでしょうかねえ。

まじめにコツコツ勉強することが「学問のスタート点」

渡部昇一守護霊　上智《じょうち》大学から見れば、むしろ、東大から受けた被害《ひがい》のほうが、よほど大きくて、恩恵《おんけい》なんか全然ありません。被害は、いくらでもありますよ。「東大のおかげで、どれだけ苦労しているか。あれが潰《つぶ》れたら、どんなにうれしいか」っていう感じのことを、われら私大の教授は、みんな思っていますよ。

東大が潰れたら、「早稲田《わせだ》と慶応《けいおう》のどちらが天下を取るか」という一騎討《いっきう》ちの戦いが始まると思いますが、私らは、「早稲田も慶応も、戦って潰れてくれると、もっといい」という立場にありますのでね。まあ、ちょっと言えませんけど。

ただ、漏《も》れ聞くところによると、高度成長が終わってからあとは、「受験エリートは、必ずしも使えない」という声が強くなってきましたね。

それが、「いわゆる、受験勉強および大学教育が実社会で役に立たないから」なのか、あるいは、「時代自体が不透明《ふとうめい》になりすぎて、それを学問として教えることができなくなったから」なのか、このへんについては、よく分かりません。

ただ、言えることは、「ある程度、学問の方法というか、受験の技術は確立されているので、その法則のなかで誠実にやることが、学問のスタート点にはなる」ということかな。受験勉強ぐらい、一定の年数、まじめに、まともに取り組まなかった人間が、大学や大学院に行って急に勉強し始めることは珍《めずら》しいだろうと言えますね。

受験勉強あたりをカッチリやった人は、そのあとも積み重ねていくけども、やってない人は、途中《とちゅう》でドロップアウトしたり、ステップアウトしたりして外れていくことが、むしろ多い。

だから、そのもとは、「なるべく、まじめに、コツコツとやっていく」ということだろうと思いますね。

まあ、「環境《かんきょう》」とか、あるいは、「いい学校だ。塾だ。予備校だ」とか、いろいろあるので、そのへんの変数については分かりかねるものがあるんですけども、ただ、「勉強ができる」ということは、「いろんな方面に進む可能性が高い」ということなんじゃないでしょうかね。そういうことは言えると思う。

また、英語教師としては、やはり、「英語ができることは、日本人が島国から抜け出して活躍《かつやく》するための条件の一つだ」と思います。英語ができなければ、出ようがないですよね。「国から出て、何かをする」ということは、まずできません。「国際人をつくる」と、明治からずっと言ってはいるんだけど、まだできないでいるわけです。

そういう意味で、英語教師の職はなくならないと信じたいところですねえ。

斉藤　はい。ありがとうございます。

渡部昇一守護霊　（斉藤に）あなたは、もっと高度なことを訊いていらっしゃるのかもしれないけど、それは、私には無理ですよ。

私には、予備校の教師は務まりませんからね。「どうやったら点数が伸《の》びるか」とか、そんなことは、とてもじゃないけど教えられないですよ。

アメリカと日本の「学歴社会」をどう見るか

武田　ただ、一般《いっぱん》的にも、現代は、「何のために学ぶのか」が分からなくなっている時代なのかもしれません。

渡部昇一守護霊　うーん、うん。

武田　学歴社会ではありますし、大学受験が一つのゴールになってしまっていて、中学・高校と、「受かるための勉強」がなされている面が強かったように思います。

渡部昇一守護霊　それは、「士農工商」を廃して、「四民平等」にしたツケでもあるんじゃないですか。

やはり、身分制は、どの社会にもありますし、それがない時代は、基本的には少ないので、みんなのスタート点を平等にした結果が、学歴競争と、お金の競争ですよ。アメリカが典型的ですよね。学歴かお金、あるいは両方を求めます。

例えば、オバマさんが大統領になったと言っても、「アフリカ系黒人だから大統領になった」とは言えないと思いますね。やはり、ハーバード（法科大学院）へ行ったのが、かなり効いています。間違いなく効いていますよ。よく知りませんけれども、「ハーバードの一番だった」とかいう話ではありますしね。

まあ、ハーバードで成績もよく、優秀《ゆうしゅう》な方であり、若くて、バスケットボール選手でもできそうなぐらいの体力もある。

それに、リンカン以来、目指してきた平等社会的アメリカのなかで、「必ず、未来には、黒人大統領が出るだろう」ということは、みんなが予想していたことではあった。その予想していた方が、たまたま、はまってきた感じに見えるわね。

これが、黒人でも、カーネギーみたいに学歴もないとか、あるいは、エジソンみたいに小学校中退だとかいうんだったら、ものすごい馬力《ばりき》がなければ、絶対にありえない。

あとは、お金ですね。実業界で、ものすごい巨大な財閥《ざいばつ》をつくったとか、そんな実績でもあれば、大統領候補ということはありえる。

ほかには、軍事的に大成功して、将軍として上がってくるとか、そのくらいしかないですよね。

ただ、そういう意味では、フェアなところがあるんじゃないですか。

ロムニーさんとの戦いも、〝ハーバード競争〟だったと思います。「白人のハーバード」対「黒人のハーバード」でしょうけども、年齢《ねんれい》的にオバマさんのほうが若かったわね。そこに、魅力《みりょく》的なところが残っていたのかと思います。

ただ、アメリカには、そういう学歴信仰《しんこう》は強いし、〝ハーバード信仰〟も、すごく強いけど、ハーバード出身の大統領は、意外に、そんなには続いてないんですよ。日本で、東大出の首相が、ずっとは続かないのと同じで、ハーバードではない大統領もけっこう入っています。

やはり、俄然《がぜん》、有利な立場にありつつも、総合力で、いろんな力が働いてくるわけです。「お金」とか、「人が使えるか」とか、「ルックス」や「人気」、「奥《おく》さんはどんな人か」とか、いろんなものが入ってくるんでしょうからね。

まあ、「日本は学歴社会だ」と言っても、アメリカまでは行ってないし、また、アメリカほど、大金持ちになることに対して魅力を感じてないというか、奨励《しょうれい》されてないところはある。日本には、学歴がお金に結びついてないところがあるような感じがしますね。

つまり、日本には、「学歴のある人は金が儲《もう》からなくて、学歴のない人は金が儲かる」みたいな〝方程式〟があって、「トータルではあまり変わらない」という〝平等主義〟がけっこうあるんですよ。

高学歴で金を儲けすぎると、嫉妬《しっと》が集まるようなことがあるし、逆に、学歴がなくて金を儲けすぎ、成り上がりが過ぎると叩《たた》き落とされることもあるんです。

田中角栄《たなかかくえい》なんかは、その典型でしょうか。お金の力を使いすぎたのが、マスコミから叩き落とされた理由でしょうねえ。

「高等教育」を受けた人が「信頼《しんらい》」を受けている面はある

武田　渡部先生は、よく「修身《しゅうしん》」ということをおっしゃいますが、その修身と、勉学や受験勉強がリンクすれば、努力のしがいが出てくるように思います。

例えば、「『大学に受かるまでの人』と『受かってからの人』がいる」という言い方もありますけれども、若者にとって、「人生のなかで、学問を、どう位置づけるか」ということは、とても大切なのではないでしょうか。

渡部昇一守護霊　まあ、これも宗教のほうの仕事かな。私らで、修身の最終的な意義を説くのは、ちょっと難しいですね。今、大学の教授として、「人格の陶冶《とうや》」を中心に打ち出していくことには、かなり難しいものがあります。

昔の、新渡戸稲造《にとべいなぞう》先生の時代ぐらいなら、よろしかろうと思いますけど、残念ながら、今の時代に、大学の教授が、「修身斉家治国平天下《せいかちこくへいてんか》（天下を治めるには、まず自分の行いを正しくし、次に家庭をととのえ、次に国家を治め、そして天下を平和にすべきである）」まで言ったら、ちょっと言いすぎかもしれません。

今は、みな、スペシャリストになってきてて、そういうことを言えるほど、ゼネラルな学問を修めた人は、すごく少ないわけですよ。ある一つの教科のスペシャリストですからね。

むしろ、今は、幸福の科学が、「ゼネラルな学問の力」を教えているんじゃないですか。

まあ、修身については、もちろん、「そうあってほしい」というつもりはありますけども、微妙《びみょう》に、「人間の徳性」と、「学歴」や、今で言う「偏差値《へんさち》」とがイコールではないところがあって、そこを、マスコミ等も批判して、撃《う》ち込《こ》んできているし、実際に、そういう例に事欠かず、次々と出てくるのでねえ。

ただ、そうは言いつつも、日本人全体の意識を読むと、「高学歴の人は、そんなに不正なことはしないであろう」という緩《ゆる》やかな〝信仰〟があるような気はします。

大企業《きぎょう》とか、銀行とか、商社とか、そういうところが高学歴の人を採りたがる理由は、やはり、「任せておいても、犯罪につながるような不正なことをする人は少ないのではないか。お金のためだけに（不正なことを）やらないだろう」というコンセンサスがあるからではないでしょうかね。

そういうことは、名前のある会社にとっては大事なんじゃないですか。昔の商人の家では、ちょっと目を離せば、すぐに、丁稚《でっち》さんがお金をくすねたり、お釣《つ》りを盗《ぬす》んだりするようなことがありましたが、それは、大きな会社であってはならないことですよ。

そういう意味では、「高等教育を受けた人が信頼《しんらい》を受けている面はある」という気はしますね。エリート意識を、会社の信用づくりに使っているんではないでしょうか。

自己実現するまでは必要だった「非社交的な時間」

斉藤　幸福の科学学園では、もちろん勉強を進めてはおりますが、それとともに、「創造性」や、「仲間と何かをつくり上げる力」など、「勉強のなかにはくくられないけれども、社会では必ず必要になってくる力」も大切に育てようとしています。

生徒一人ひとりが、教養を積みながら、魂《たましい》を大きく成長させていくために、何かアドバイス等がございますでしょうか。

渡部昇一守護霊　私自身は、環境の問題もあったとは思うんですが、修業時代というか、学者の卵になるまでの時代には、極《きわ》めて非社交的な人間だったんですよ。実社会に出て活躍するようになってからは、いろんな人からの人気を得なくてはいけないし、いろんな人との付き合いも出てきたので、今は、けっこう社交的になってはおるんですけどね。

でも、学問をやっているときは、時間が惜《お》しいじゃないですか。一生懸命《いっしょうけんめい》やるのに、時間がすごくかかるから、付き合いがよすぎる人には無理です。夜、繰《く》り出してカラオケで歌ったり、酒を飲んだりしていたら、勉強はできなくなりますよ。だから、学生時代は、極めて付き合いが悪くて、協調性がなかったんです。

私は、大学の英文学科では、いちばん成績がよかったにもかかわらず、外国人の先生たちによって、アメリカ留学の候補者から外されたんですが、いちばんの理由は、「あいつは社交性がない」ということだったので、ちょっとショックではありましたね。

まあ、貧しかったので、着る物がなくて半年ぐらい同じ物を着てたり、ずっと同じボロボロの革靴《ぐつ》を履《は》いてたり、穴が開《あ》いた靴下を履いてたり、ベルトがなくなったら腰《こし》に縄《なわ》を巻いてたりするぐらいの、そういうひどい生活ではあったから、「とても（アメリカには）送れない」というところはあったんでしょうけども、確かに社交性はなかったですね。

ただ、「社交性があるか、ないか」というのは、決定論じゃないんですよ。

やはり、「自己実現」という観点があって、「自分は、ここまで一定の自己実現をしたい」という気持ちがあると、その間は、どうしても、お坊《ぼう》さんがお籠《こ》もりして修行《しゅぎょう》をするのと同じような状態が起きるんですよね。

それを達成するまでの間、とにかく、無駄《むだ》なことというか、友達付き合いや親戚《しんせき》付き合いなどの、いろんな義理人情のしがらみを切り、電話も切って、付き合いを断りながら、ただただ打ち込まないと、どうしても一定のところまで行かないんですよ。

でも、自己実現を達成したら、今度は、付き合う余裕《よゆう》ができて、オープンになる。だから、変わるんです。

そもそも、自己実現を考えていない人や、「人脈だけで生きていこう」と考えておられる人の場合は、そういうところが、最初から違うのかもしれません。

あるいは、付き合いをよくしながら、短期間で勉強がこなせて、要領よくやれて、「いつ勉強しているか分からないのに成績がいい」という人も、たまにいますよね。単にその人の実態を知らないだけかもしれないけども、「いつも付き合いがよくて、声をかけられたら、すぐ、どこにでもついてくるのに、試験をやると、いつも成績はいい」という人ですよ。

地頭《じあたま》が本当にいいのか。知らないところで勉強しているのか。何か秘密の手法があるのか。あるいは、先輩から前年度の過去問をいっぱいもらったりして、できるようになっているのか。そのへんは、分からないですけどね。

まあ、そういう人がいるのは知っていますが、自分はそういうタイプではなかったので、自己実現するまでの間は、極めて非社交的人間でした。

「非社交的人間」が「社交的人間」に変わる理由

渡部昇一守護霊　ただ、この非社交的人間が、ある程度、世の中に知られてくると、いろんな人が会いたがったり、話をしたがったりしてくるので、社交的にならざるをえなくなってくるわけです。

私は、大川隆法先生のことは、よく知りませんけれども、けっこう勉強の時間は長かったのではないでしょうか。だから、私と同じように、非社交的な時間は極めて長かっただろうと思うんです。

だけど、非社交的な時間が長くて、自己実現のために、一生懸命、時間を費《つい》やしていた人が、自己実現を達成すると、大勢の人が周りに集まってき始めるんですよ。それまで付き合いの悪かった人のところに、やたら人が寄ってきたり、信者が大勢集まってきたりということが起きてくる。

なぜかというと、教わることが多いからでしょうね。人は、自分にとって教わるものがある人のところには、お金を払《はら》ってでも寄ってくるようになるんです。でも、学者の〝株〟なり、思想家の〝株〟なり、まあ、宗教家の〝株〟でも、発明家の〝株〟でも、何でもいいけれども、そうした〝株〟を買ったとしても、やはり、プロになるまでの間は、一定の時間投資は要《い》りますよね。

エジソンだって、けっこう非社交的だったと思いますよ。発明家としてやってる間は、とてもじゃないけど、人に付き合ってる暇《ひま》なんかないし、家族だって、ないがしろにしてたに違いないです。だけど、一定以上の成功を収めたら、また違った〝遺伝子〟が出てくるはずですよね。私は、そういうふうに思います。

だから、（社交性については）中学・高校や大学の範囲《はんい》だけに限ると、何とも言いがたいものはあるでしょう。

例えば、相部屋で勉強しているときに、やたらうるさい音楽をかけるような人が一緒《いっしょ》にいたりしたら、発狂《はっきょう》しそうになりますよね。勉強に集中しようとしても、

「数学の問題が解けない」とか、「英語の文法がやれない」とかなったら、そのへんで腹が立ってきますよね。

それで、「あいつは協調性がない」と言われるようになったりするし、勉強ができなくなって不全感があると、さらに、うまくいかなくなったりする。そのへんには環境要因もあるのでね。

だから、ドイツに留学したときに、寮《りょう》が完備され、完全個室だったので、すごい幸福感を味わいました。

上智大学の寮ではプライバシーが全然ない状態で、「いつ、誰《だれ》が侵入《しんにゅう》して、邪魔《じゃま》してきても止めようがない」という状態だったんだけど、ドイツの寮に関しては、完全にプライバシーが守られていたんです。

そのため、そこで研究ができると、今度は、いったん寮から外の世界に出たときに、非常に社交的になれるわけです。

ドイツでは、いろいろな人たちから、「ご飯を食べに来い」とか、「休日に（遊びに）来い」とか言われても、「はい、はい」と言って出かけていけるような社交性が出てきたんですよ。自分だけで籠もって勉強できる時間が確保できたら、今度は社交性が出てきました。

やはり、「人間は、トータルでは、そう変わらないものかもしれない」という気はします。極端なところがない人には、結局、極端な成功はないだろうとは思うね。

「代償《だいしょう》の法則」が働くんじゃないでしょうか。

だから、幸福の科学学園の全寮制がどうこうとか、勉強の仕方がどうこうとか、全人格的な教育がどうこうとか言われても、そのへんには分かりかねるものがある。

例えば、旧制高校の時代だって、けっこうバンカラで、みんなで悪さした話なんか、いっぱいあるわねえ。夏目漱石《なつめそうせき》の『坊《ぼっ》ちゃん』を読んだって……、まあ、あれは、旧制高校じゃなくて、旧制中学かな。ただ、あれは、昔の学生生活の話でしょう？　先生にいたずらしたりして、さんざん悪さしてるのが出てるけど、あんなもんでしょう。勉強もしないといかんのだけど、悪さもしているようなところで、みんな育ってきているだろうとは思うよ。

武田　そうですね。

渡部昇一守護霊　悪役で描かれている先生がたが、みんな、本当に悪人だったかどうかは分からないところはありますね。

むしろ、漱石のほうが神経質で、ちょっとおかしかっただけかもしれないしねえ。（斉藤に）あなたの質問に答えられていない感じがするので、すみませんね。ちょっと相手が悪かったようで……。

斉藤　いえいえ。そんなことはありません。

「人生論に関する本」を繰《く》り返し読もう

武田　確かに、中学・高校というのは難しい時代だと思うのですが、今は、そういうなかでも受験勉強をしていかなくてはいけない社会ではあります。

その受験期をどう乗り切っていくことが、その後の大学生活や社会人生活にとってよいのでしょうか。

渡部昇一守護霊　やはり、人生論のところで、何か深いものを「座右《ざゆう》の書」として読んでおくことは大事なんじゃないですかね。

それが、『聖書』であったり、『論語』であったり、いろいろするんでしょうし、あるいは、あなたがただったら「教義書」があるんでしょうけども、そういうものを繰《く》り返しひもときながら、受験勉強をしたり、人生のいろんな悩《なや》み事を乗り越《こ》えたりしていかねばならんのじゃないでしょうかね。

つまり、「人間の生き方」みたいなものを、もう一方の軸《じく》として求めていくことが大事だと思いますね。

まあ、社会人として成熟していくのは、なかなか難しいですよ。いろんな家庭や環境の方がいるし、社会的知性にも差があるのでね。それが、付き合える範囲を決めるところがあるんです。

「Ｂａｒｔ《バート》」誌での対談を回想する渡部氏守護霊

私だって、一九九一年に一回、「Ｂａｒｔ」（バート）という雑誌で、まあ、もう潰れてしまいましたけど、その創刊間もないころに、大川先生との対談の恩恵に浴したことはあるんです。でも、そのあとは、もう二十数年になりますが、なかなか会わしてくれないじゃないですか。

幸福の科学の人は大勢来るんですよ。編集部から人が来て取材したり、何だかんだ、引っ張り出して話をさせたり、テレビに出させたり、いろんな人には引きずり回されるんですけど、教祖にだけは会えないんですよ。まあ、宗教って、そんなもんだとは思うけど、教祖にだけは会わしてくれないで、もう、二十二年にもなる（収録当時）。

弟子《でし》のほうは、うるさいぐらい、次から次に出てきて、献本《けんぽん》に来たり、何だかんだ、取材に来たりするんですよ。私の時間を奪《うば》っていくんです。

私が聴きたいのは、「大川隆法総裁の考え」であって、弟子の考えは、それほど聴きたくはないんですけど、私の考えを〝盗み〟に来るんですな。

私は、「総裁は、どう考えているのか」を聴きたいんですが、弟子に「総裁の考え」を訊いたって、みんな、答えられないんですよ。全然、知らないんです。

武田　（苦笑）そうですね。

渡部昇一守護霊　付き合いって、なかなか難しいですねえ。本当に難しい。

私のことを、そんなに評価してくれてるのに、なんでホイホイ会ってくれないのか、分かんないですね。

竹村健一《たけむらけんいち》さんも、（大川総裁を）別荘《べっそう》にまでお呼びしたのに来てもらえなかったみたいだけど（前掲《ぜんけい》『竹村健一・逆転の成功術』参照）、これは、もう、「現代の徳《とく》川《がわ》将軍」みたいな感じですよ。

武田　ただ、大川総裁が、外部の方で対談をされたのは、渡部先生お一人だけです。

渡部昇一守護霊　ああ、そう？　まあ、それは、ちょっと自慢《じまん》にはしていますけどもね。

「ローマ法王に謁見《えっけん》したようなもんだ」と思うて、密《ひそ》かな自慢にはなっています。ほかの言論人たちは相手にされてないっていうの？　自分も大して相手にされてないけども、ほかの人は、もっと相手にされてないっていうか、「大川総裁が、『影《えい》響《きょう》を受けた本は、渡部さんのものぐらいしかない』というようなことを言った」と私が言ったら、あの谷沢永一《たにざわえいいち》さんが黙《だま》っちゃったからね（前掲『幸福実現党に申し上げる』参照）。

「それは、慧眼《けいがん》だなあ。『渡部昇一』だけで、誰もほかの人の名前を挙げませんでしたか。そりゃあ、さすがですなあ」という反応だったから、「お主《ぬし》、できるな」みたいなところがあったんですな。

それは、「『残る人』と『残らない人』を見分けた」という感じかな？　宗教家は、マスコミにバカにされるようにも見えるけれども、「人物眼」とか、「歴史を透徹《とうてつ》して見る目」とかを持っているもんだと一般に信じられているんでね。

最終的に低い評価に甘《あま》んじる場合もあるけども、評価が高いと、今度は、「見識があって、神様の代わりに見ているんだろう」というふうに見られるわけですよ。だから、教祖がいろんな人と会わない理由は、おそらく、「会うと、その人に権《けん》威《い》を与《あた》えてしまうから」だと思うんですよね。「自分は、大川総裁と懇意《こんい》の仲なんだ」と言って、会ったときの写真を出せば、詐欺《さぎ》なんか、いくらでもできるじゃないですか。「ツーカーの仲なんですよ」と言うたら、詐欺でも商売でも何でもやれますからね。これを避《さ》けてるんだろうと思うんですよ。

この気持ちは、よく分かります。みんな、やるでしょう？　ダライ・ラマとか、ローマ法王とか、写真を撮《と》られては、「会った」とか言うのに使われてると思うんですよ。

本当は、政治家だって、大川総裁と一緒に写真とかをいっぱい撮りたいだろうと思うけど、弟子たちが壁《かべ》になって会わしてくれないので、悔《くや》しい思いはなされていると思うんですなあ。

7 「大学における英語授業」の注意点

一流の国際人へのファーストステップとなる「英語力」

武田　私たち幸福の科学は今、大学をつくろうとしているわけですけれども、大学教授でもあられた渡部先生から、大学に関して、教育ソフトや精神的な面などについて、ご意見やアドバイス等をお伺《うかが》いできればと思います。

渡部昇一守護霊　いやあ、これも言うべき立場にはないんじゃないかなあ。そんな感じがするんですけど。

まあ、私の見たところ、スケールの大きさからして、ドイツのルドルフ・シュタイナーみたいな感じがするんですよ。シュタイナーも霊能者《れいのうしゃ》だったし、著書の数や講演回数がすごく多かった方ですけども、「シュタイナー教育」によって、いろんな学校ができたりしていったでしょう？　あんな感じになるんじゃないかな。

やがて、「大川隆法先生の教育学」という感じのジャンルが立ち上がってくるでしょうから、それは、私なんかが下手に口を出すようなもんではないですよ。

学校ができてきたら、大川先生は、いろんな教育の話をしなくてはいけなくなるので、自然に、「教育についての考え」が出来上がってくるんじゃないでしょうか。

だから、私の言えることは、本当に限られたことしかないんだけど、〝英語屋〟ではあるので、それについて言いましょう。

まあ、「幸福の科学学園が英語に力を入れているらしい」ということぐらいは知っておりますけど、いいんじゃないでしょうかね。

英語教育は、明治の開国以来、百何十年もやっていますけど、いまだに、日本人が国際舞台《ぶたい》で活躍《かつやく》するのに、非常な困難を伴《ともな》っていますよね。

韓国《かんこく》人が国連事務総長をやっているような状態ですが、日本人はなれませんしね。

外交の場で日本人が、すごい評判になるってことも、あまりないし、日本の政治家で、英語がスラスラと流暢《りゅうちょう》に話せる方も、めったにいらっしゃらない。官僚《かんりょう》が書いた作文を英語で読み上げることができれば大したもんで、たいていは日本語で言って、通訳していただいているレベルですよね。

やはり、一流の国際人の条件としては、ファーストステップが、英語を読めたり、話せたり、聴《き》けたりすることで、いわゆる、「読む・話す・聴く・書く」のところですよね。

「授業の英語化」は大学のレベルを下げる

渡部昇一守護霊　ただ、学校教育だけでは、そこまで行かないので、「学校教育が足りない」という考えがあるけれども、ちょっと違《ちが》う面もあると思うんですよ。

日本の場合、「英語とは、外国に出たり、外国人と接触《せっしょく》したりすることになったら使うものだ」という考えがあるけれども、国内にいる分には、英語を使わなくても、全部、間に合っているんですよね。学問にしても生活にしても、とりあえず全部、間に合っていて、日本語だけで、ビルだって建てることができますし、大学の授業も成り立つわけです。

今、一部の大学が、「外国人を雇《やと》って、英語で授業をやろう」と一生懸命《いっしょうけんめい》に取り組んでいるけども、そんなものは、とっくの昔にやったのよ。明治時代に、外国人が日本の大学に来て、英語で授業をやっています。

だから、明治の人は、もう少し英語ができましたし、聴いたり、話したりする能力は、今より上でしたよ。それを、日本語に全部置き換《か》えて、日本人が教えられるようにしてきたのが、これまでの歴史なんですよね。

だから、そういうことをパイロット校的にやるのは結構だけれども、私は決して完全なプラスだとは思わない。

例えば、東大が国際化しようとして、外国人を受け入れて英語で授業をやろうとしているし、それは余興としてはいいけども、東大の全部の授業を英語でやったら、間違いなくレベルは落ちるよ。

日本語で百年以上、研究してきた蓄積《ちくせき》があり、この部分は、日本語で勉強したって難しいんですから、それを英語でやったら、もっと難しくなる。つまり、内容を薄《うす》くする以外に方法がありませんから、必ず易しい内容になるんです。アメリカの高校で教えているぐらいのレベルのことを、日本の大学で教えるようになりますよ。

そうでないと無理です。英語力も、それほど行かないしねえ。例えば、外人さんが、日本の大学の法学部の教壇《きょうだん》に立って、日本の法律について英語で講義をする姿を想像してごらんなさいよ。まあ、できないですよ。

日本の文献《ぶんけん》が読めなければできないわけですが、そこまで文献が読める人となると、サイデンステッカー（アメリカの日本文学者）だとか、ライシャワー（日本研究家・元駐日《ちゅうにち》アメリカ大使）だとかになりますよ。そのくらいの日本通《つう》の人なら、ある程度、日本の文献が読めるかもしれないけども、日本人が英語をできないように、アメリカ人やイギリス人でも、日本語を母国語と同じように読み、かつ、話せる人は、万に一人もいやしないんです。

だから、「全部、授業を英語化して、外国人が、英語で授業をすれば、大学のレベルが上がるか」と思ったら、むしろ、〝駅前留学〟の英会話学校のレベルまで下がりますよ。

あれは、旅行したり、観光したりするのに便利な英語ぐらいは教えてくれるけども、深い内容の学問までは教えてくれません。発音やヒアリングの練習のために、外国人を入れておくことはいいと思いますが、学問全部をやらせるのは無理です。

基本的には、行きたい外国に留学すべきだと思いますね。そうしたら本格的にやれるでしょうけど、日本は日本で教えることがあるので、韓国や中国とは事情が全然違うんですよ。

今、英語だけを比べたら、韓国人や中国人のほうができるように見えますけど、彼らには、母国語でできる学問が、ほとんどないんですよ。今までの蓄積がないんです。

中国に何の蓄積があるんですか？　古典ぐらいしかないでしょう？　二千何百年前の諸子百家《しょしひゃっか》の時代の学問か、あるいは、『三国志』や『水滸伝《すいこでん》』ぐらいしかないんですよ。あとは、古い歴史しかなくて、それも中国史しかない。自分の国のことしか考えてないので、「ほかの外国がどうしてるか」なんて、昔のものには、何にも書いてありはしないんです。

さらに、現代的な学問になると、圧倒《あっとう》的に劣《おと》っているんですよ。むしろ、彼らとしたら、日本語を勉強したいぐらいなんだけど、日本語よりも英語を勉強したほうが、いろんなところで通用しやすいし、本の数など、学問の領域的には、やや、英語のほうがメリットは大きいだろうということだね。

もし、日本が、経済的にもアメリカを追い越《こ》していたら、日本語の勉強熱が、もっと高まると思います。

「中国人や韓国人のほうが英語ができる」と言っても、彼らは英語をやらなければ一流になれないというか、海外留学できないので、それで英語のニーズがあるわけです。

その反対に、「日本人の留学生は減っている」と言うし、もちろん、留学したほうがいいとは思う。ただし、留学すれば英語の勉強にはなっても、学問の内容を日本語に置き換えたら、それ自体は日本でやれているんですよ。日本語でもやれている内容なので、そんなに珍《めずら》しくないんです。

「ハーバードへの留学生が少ない」とか、嘆《なげ》いているけども、ハーバードのレベルは、「英語」ということを除けば、それほどでもない。あの内容を日本語でやったら、特に学ばなければいかんほどのものが、もう、あまりないんですよ。先端《せんたん》的なものについては、日本人も研究者が留学してやっていますのでね。

明治以降、学問のレベルが上がってきたんですが、（授業の英語化には）それに逆行する面があるので、駅前のＮＯＶＡ《ノヴァ》（英会話学校）に留学するつもりならいいですけど、そうでなければ、「客寄せの宣伝以上には行かないかもしれませんよ」ということは、知っといたほうがいいと思いますね。

斉藤　ありがとうございました。

「英語で世界に教えを発信している大川隆法」への期待

斉藤　今、渡部先生から、日本語で霊言《れいげん》を頂いているわけですが、やはり、大川総裁が日本語で蓄積された法を、海外の方に対して、心から心へと伝えるためには、どうしても、ツールとしての英語が必要になってくると思います。

渡部先生は、先ほど、「『英語の本が分かった』という実感があった」とおっしゃっていましたが、そういう観点で、何かコツ等がありましたら、お教えください。

渡部昇一守護霊　私の場合は、読むほうが多いので、「横文字（英語）を縦（日本語）に直す」ほうは、ある程度、できるんですけど、「縦文字を横に直す」ほうになると、大したことはありません。

フルブライト教授で行ったときには、英語で話しましたけど、日本の文化史の問題ですから、「どこで、どんな授業をするか」について、原稿《げんこう》を日本で全部書いておいたわけです。そうしておけば、向こうでは準備をする必要がなく、それを使ってやるだけですのでね。やはり、逆のほうの「日本語を英語にする」というのは、それほど大したことはないと思います。

だから、私がNHKの英会話の講師に呼ばれることは、まずないでしょう。ドイツ語訛《なま》りもありますが、山形訛りもかなりあって、発音が悪う聞こえますし、入れ歯の出来が、ちょっと悪かったりすると、発音がうまく聞こえないんです。

ちなみに、大川総裁と二十何年前に対談したときも、私の発音が山形訛りで、英語を言っているのに、聞き取れなかったようです。「えっ？」と聞き返されるのが、何度かあったんですよ。私が、「ヘーゲル」のつもりで、「ヒーゲルが……」と言ったら、「えっ？　今、何て言いましたか？」という感じでした。まあ、「ヒーゲル」でもいいんですけど、聞き取れない言葉がだいぶあったらしく、迷惑《めいわく》をおかけしました。まあ、入れ歯の関係も多少はあって、入れ歯にすると、語学の先生は駄目《だめ》なんですよ。発音が悪くなるんでね。

また、私は、「指定された参考書ぐらい、簡単に仕上げて、サーッと試験を通っていく」というタイプの秀才《しゅうさい》ではなかったので、いわゆるオーソドックスな日本のエリート教育としての「秀才教育」についてはよく分かりません。だから、オーソドックスな秀才の勉強の仕方はあまり教えることができないんですよ。

ただ、オーソドックスな秀才は、そこで勉強が止まってしまって、外国で英語を十分に使うところまで行かないことも多いし、逆に、外国に行ってしまった場合、行ったきりで向こうで活躍して、日本には仕事場がない人も多いよね。

一方、大川総裁の場合は、ある程度、オーソドックスな秀才として勉強もなされ、そのやり方も知っておられると思うけれども、実際に、商社マンとして海外でも仕事をなされ、今は宗教家として、海外で講演をなされてるわけですよね。

これは、すごいことだなと思いますよ。

オーソドックスな秀才には、英語の学力はあるんですけども、日本語を英語に直して情報発信する訓練が足りずに、そのへんができないんですよね。ところが、大川総裁の場合、実際に、海外で実務家としての経験もなされ、今、宗教家として英語で講演もやっておられるんでしょう?

鈴木大拙《すずきだいせつ》以来、久々じゃないでしょうか（注。鈴木大拙は、禅《ぜん》を世界に弘《ひろ》めたことで有名な仏教学者。一八七〇～一九六六)。これは、日本人にとって、かなり難しいことだと思いますよ。

鈴木大拙さんでも、本当に、生で英語の説法《せっぽう》ができていたのかどうかは知りません。ある程度、原稿を用意されていたような気がしないでもないんですけどもね。

それを考えると、大川総裁は、非常に頑張《がんば》っておられるのではないでしょうか。

以前、私が上智《じょうち》大学の偏差値《へんさち》を上げたように、お世辞で言ってくださったこともあるけども、今、私には、「大川総裁が、東京大学の偏差値を、もう一回、上げ直している」という感じがしますね。没落《ぼつらく》から、もう一回、隆盛《りゅうせい》に向かわせようとしている感じに見えます。「やはり、英語であろうと金儲《かねもう》けであろうと、できるんだ」というところを見せているように思われますねえ。

「海外で大勢の人が聴いてくれるかどうか」には、隠《かく》せない部分があるので、それは実力のバロメーターでしょう。分からなかったら来なくなりますのでね。

その意味では、期待できるんじゃないですかね。

「オーソドックスな秀才としての、王道の英語の勉強の仕方」と「実際にアウトプットする。インフルエンシャルな（感化力のある）英語を使う」という、その両方ができている人が、学園なり、大学なりをつくろうとしていらっしゃるのなら、それなりの傾向性《けいこう》を持った、国際性のある学校ができるのではないでしょうか。

今、日本初の「情報発信型の大学」が生まれようとしている

渡部昇一守護霊　昔から、キリスト教系の大学には、英語の強いところがたくさんありますけど、ほとんど、インプットというか、外国の英語文化圏《けん》から学問を受容

するかたちだったんですよね。だけど、ここは、発信が入っている。ここが圧倒的に違うわね。

日本人で発信までしようとした人は数が少なくて、新渡戸《にとべ》さんの『武士道』が、やや発信と言えるかどうか。ほかには、（岡倉天心《おかくらてんしん》の）『茶の本』だとか、せいぜい、その程度ぐらいしかなくて、戦後、発信まで行っているのはあるでしょうかねえ。

アメリカやヨーロッパに留学して、同僚として働かせてもらうあたりまでは行っているけど、ノーベル賞をもらっても、たいてい共同研究者で名を連ねているぐらいで、個人ではないですよね。

でも、ここは発信が入っているので、もちろん英語を使ってもいいですけど、「情報発信型で、諸外国に影響《えいきょう》を及《およ》ぼしていこうとするベクトルを持っている大学」というのは、すごいというか、ある意味では、「日本で初めて」なんじゃないですか。

今までの大学は、海外のものを取り入れて消化するのは、すごく優《すぐ》れていたんですが、今度は、自分たちのほうから、全部、オリジナルに発信していくわけですよね。これは、すごいことが起きているんじゃないでしょうか。やはり、マスコミとかが批判しかねているところはあると思いますよ。

面白《おもしろ》い。とても面白いと思う。

たぶん、英語は、私より大川さんのほうが、よくしゃべれると思います。私は、そんなにはしゃべれない。ただ、英文和訳とかを厳密にやらせたら、私のほうができると思います。まあ、そんな感じだろうと思うんですがね。

おそらく、いい感じになるんじゃないでしょうか。一つのモデルになるかな？「学ぶ」と同時に「発信」できるようなカルチャーになってくるので、非常にポジティブで、アグレッシブな学生が育ってくるんじゃないでしょうかねえ。

うーん。いいんじゃない？

斉藤　ありがとうございました。

武田　これから、渡部先生のご期待に応《こた》えられるような大学を……。

渡部昇一守護霊　いや、上智大学は抜《ぬ》かなくていいよ。

武田　（笑）そうですか。

渡部昇一守護霊　まあ、年数が違うから、ゆっくり行きなさいよ。五十年ぐらい遅《おく》れて、ゆっくり来てください。

武田　はい。志を高く持って、努力していきたいと思っています。

渡部昇一守護霊　あんたがたはいいなあ。英語も勉強できるし、金儲けも勉強できるし、人生論も勉強できるのねえ。全部入ってるじゃないですか。言うことなしだ。私の本の影響を受けたなんて言いながら、私より、何百倍もうまいこと成功しているように見えますねえ。いやあ、才能でしょうかね。

私は、「東京大学型で成功しなかった人のための成功法」を提供して、お教えしたんだけど、「それを東京大学型でまねしてやれば、もっと大きな成功がつくれる」というのを、実験されたような感じかな？　そんなふうに見えなくもありませんねえ。

さらに、宗教や信仰《しんこう》まで入ってきてるからね。

いやあ、上智大学を抜かないでくださいよ。ゆっくり行きましょう、ゆっくりね。

武田　（笑）今日は、成功のためのヒントやアドバイスをさまざまに頂きました。それらを胸に刻んで努力していくとともに、多くの方に、渡部先生の成功論をお伝えしていきたいと思います。

渡部昇一守護霊　もう、八十二歳《さい》だから、そんなに欲はないのでね。ただ、わしは、「九十五歳まで生きる」と宣言しているから、それを達成することだけに、今、意地をかけている。ボケずに九十五歳までやれるかどうかだけに、今、勝負をかけているからさ。それだったら十分に、借金を返せるからね。

武田　（笑）

渡部昇一守護霊　だから、それだけを宗教的に祈《いの》ってくれれば、ありがたいなあ。

武田　分かりました。お祈りさせていただきます。

渡部昇一守護霊　「生涯現役《しょうがいげんえき》」の手本を最後にお見せしたい。それが、私の生きがいですね。

武田　はい。本日は、本当にありがとうございました。

渡部昇一守護霊　うん。ありがとうございました。

8　渡部氏の「生涯現役《しょうがいげんえき》」での活躍《かつやく》を祈《いの》りたい

大川隆法　実にいい方で、よろしいですね。

私も、「生涯現役《しょうがいげんえき》」で活躍《かつやく》されることを祈《いの》っています。ぜひ、手本を見せていただきたいですね。

九十五歳《さい》ぐらいまでボケずに、矍鑠《かくしゃく》として活躍される姿を拝見したいものです。

普通《ふつう》は、だいたい、八十歳ぐらいで、〝のびて〟くるのですが、今のところ、まだ粘《ねば》っています。きっと、目標や志があるからでしょうね。あるいは、借金を返すのに、もうしばらく時間がかかるからかもしれませんけれども。

しかし、いいですね。やはり、「あのようにありたい」と思います。「頭を使えば、ボケない」ということが、よく分かりますね。これは、勤勉、精進《しょうじん》の力でしょう。

私も、そうあれるよう、頑張《がんば》りたいと思っています。

それでは、以上としましょう。

質問者一同　ありがとうございました。

あとがき

五十歳代から国際伝道を本格化するにあたって、もう一度、英語を勉強し直す必要に迫られた。習慣の力とは、まことにおそるべきもので、商社マン時代から二十年以上使わなくて錆びついていた英語も、毎日毎日何時間も勉強を続け、自分の勉強の成果をまとめているうちに、百数十冊もの内部テキストとなった。

これらは、幸福の科学学園中学・高等学校、そして大学（二〇一五年開学予定）の国際性を高める原動力となるとともに、『サクセス№1』という『仏法真理塾』でも人生訓を含んだ英語学習法として使われている。また、教団内部や在家の信者の方々が、国際伝道力をつけるための英語学習教材ともなっている。

私もどうやら、若い人たちを元気づけ、勇気づける年齢になった。本書に繰り返し学び、良き手本となるよう、努力したいと願っている。

二〇一三年　四月二十四日

幸福《こうふく》の科学《かがく》グループ創始者兼総裁《そうししゃけんそうさい》　大川隆法《おおかわりゅうほう》

『渡部昇一流・潜在意識成功法』大川隆法著作関連書籍

『英語が開く「人生論」「仕事論」』(幸福の科学出版刊)
『竹村健一・逆転の成功術』(同右)
『日下公人のスピリチュアル・メッセージ』(同右)
『幸福実現党に申し上げる――谷沢永一の霊言――』(幸福実現党刊)

渡部昇一流《わたなべしょういちりゅう》・潜在意識成功法《せんざいいしきせいこうほう》

――「どうしたら英語ができるようになるのか」とともに――

2013年5月3日　初版第1刷

著　者　　大《おお》　川《かわ》　隆《りゅう》　法《ほう》

発行所　　幸福の科学出版株式会社

〒107-0052 東京都港区赤坂2丁目10番14号

TEL(03)5573-7700

http://www.irhpress.co.jp/

印刷・製本　株式会社 堀内印刷所

落丁・乱丁本はおとりかえいたします

ISBN978-4-86395-323-9 C0030

大川隆法霊言シリーズ・日本復活への提言

竹村健一・逆転の成功術

元祖『電波怪獣』の本心独走

人気をつかむ方法から、今後の国際情勢の読み方まで——。テレビ全盛時代を駆け抜けた評論家・竹村健一氏の守護霊に訊く。

1,400円

幸福実現党に申し上げる

谷沢永一の霊言

保守回帰の原動力となった幸福実現党の正論の意義を、評論家・谷沢永一氏が天上界から痛快に語る。驚愕の過去世も明らかに。

【幸福実現党刊】

1,400円

日下公人のスピリチュアル・メッセージ

現代のフランシス・ベーコンの知恵

「知は力なり」——。保守派の評論家・日下公人氏の守護霊が、いま、日本が抱える難問を鋭く分析し、日本再生の秘訣を語る。

1,400円

※表示価格は本体価格(税別)です。

大川隆法霊言シリーズ・北朝鮮情勢を読む

守護霊インタビュー
金正恩の本心直撃!

ミサイルの発射の時期から、日米中韓への軍事戦略、中国人民解放軍との関係――。北朝鮮指導者の狙いがついに明らかになる。
【幸福実現党刊】

1,400円

北朝鮮の未来透視に挑戦する
エドガー・ケイシー リーディング

「第2次朝鮮戦争」勃発か!? 核保有国となった北朝鮮と、その挑発に乗った韓国が激突。地獄に堕ちた"建国の父"金日成の霊言も同時収録。

1,400円

長谷川慶太郎の守護霊メッセージ
緊迫する北朝鮮情勢を読む

軍事評論家・長谷川氏の守護霊が、無謀な挑発を繰り返す金正恩の胸の内を探ると同時に、アメリカ・中国・韓国・日本の動きを予測する。

1,300円

大川隆法霊言シリーズ・中国の今後を占う

中国と習近平に未来はあるか

反日デモの謎を解く

「反日デモ」も、「反原発・沖縄基地問題」も中国が仕組んだ日本占領への布石だった。緊迫する日中関係の未来を習近平氏守護霊に問う。

【幸福実現党刊】

1,400円

周恩来の予言

新中華帝国の隠れたる神

北朝鮮のミサイル問題の背後には、中国の思惑があった！ 現代中国を霊界から指導する周恩来が語った、戦慄の世界覇権戦略とは!?

1,400円

小室直樹の大予言

2015年 中華帝国の崩壊

世界征服か？ 内部崩壊か？ 孤高の国際政治学者・小室直樹が、習近平氏の国家戦略と中国の矛盾を分析。日本に国防の秘策を授ける。

1,400円

※表示価格は本体価格（税別）です。

大川隆法霊言シリーズ・世界の指導者の本心

サッチャーのスピリチュアル・メッセージ

死後19時間での奇跡のインタビュー

フォークランド紛争、英国病、景気回復……。勇気を持って数々の難問を解決し、イギリスを繁栄に導いたサッチャー元首相が、日本にアドバイス！

英語霊言
日本語訳付き

1,300円

バラク・オバマのスピリチュアル・メッセージ

再選大統領は世界に平和をもたらすか

弱者救済と軍事費削減、富裕層への増税……。再選翌日のオバマ大統領守護霊インタビューを緊急刊行！日本の国防危機が明らかになる。

【幸福実現党刊】

英語霊言
日本語訳付き

1,400円

安倍新総理スピリチュアル・インタビュー

復活総理の勇気と覚悟を問う

自民党政権に、日本を守り抜く覚悟はあるか⁉　衆院選翌日、マスコミや国民がもっとも知りたい新総理の本心を問う、安倍氏守護霊インタビュー。

【幸福実現党刊】

1,400円

幸福の科学グループのご案内

宗教、教育、政治、出版などの活動を通じて、地球的ユートピアの実現を目指しています。

宗教法人　幸福の科学

一九八六年に立宗。一九九一年に宗教法人格を取得。信仰の対象は、地球系霊団の最高大霊、主エル・カンターレ。世界百カ国以上の国々に信者を持ち、全人類救済という尊い使命のもと、信者は、「愛」と「悟り」と「ユートピア建設」の教えの実践、伝道に励んでいます。

（二〇一三年四月現在）

愛

幸福の科学の「愛」とは、与える愛です。これは、仏教の慈悲《じひ》や布施《ふせ》の精神と同じことです。信者は、仏法真理をお伝えすることを通して、多くの方に幸福な人生を送っていただくための活動に励んでいます。

悟り

「悟り」とは、自らが仏の子であることを知るということです。教学《きょうがく》や精神統一によって心を磨き、智慧《ちえ》を得て悩みを解決すると共に、天使・菩薩《ぼさつ》の境地を目指し、より多くの人を救える力を身につけていきます。

ユートピア建設

私たち人間は、地上に理想世界を建設するという尊い使命を持って生まれてきています。社会の悪を押しとどめ、善を推し進めるために、信者はさまざまな活動に積極的に参加しています。

国内外の世界で貧困や災害、心の病で苦しんでいる人々に対しては、現地メンバーや支援団体と連携して、物心両面にわたり、あらゆる手段で手を差し伸べています。

年間約３万人の自殺者を減らすため、全国各地で街頭キャンペーンを展開しています。

公式サイト **www.withyou-hs.net**

ヘレン・ケラーを理想として活動する、ハンディキャップを持つ方とボランティアの会です。視聴覚障害者、肢体不自由な方々に仏法真理を学んでいただくための、さまざまなサポートをしています。

公式サイト **www.helen-hs.net**

INFORMATION

お近くの精舎・支部・拠点など、お問い合わせは、こちらまで！

幸福の科学サービスセンター

TEL. 03-5793-1727（受付時間 火～金：10～20時／土・日：10～18時）

宗教法人 幸福の科学 公式サイト happy-science.jp

教育

学校法人 幸福の科学学園

学校法人 幸福の科学学園は、幸福の科学の教育理念のもとにつくられた教育機関です。人間にとって最も大切な宗教教育の導入を通じて精神性を高めながら、ユートピア建設に貢献する人材輩出を目指しています。

幸福の科学学園

中学校・高等学校（那須本校）
2010年4月開校・栃木県那須郡（男女共学・全寮制）
TEL **0287-75-7777**
公式サイト **happy-science.ac.jp**

関西中学校・高等学校（関西校）
2013年4月開校・滋賀県大津市（男女共学・寮及び通学）
TEL **077-573-7774**
公式サイト **kansai.happy-science.ac.jp**

幸福の科学大学（仮称・設置認可申請予定）
2015年開学予定
TEL **03-6277-7248**（幸福の科学 大学準備室）
公式サイト **university.happy-science.jp**

仏法真理塾「サクセスNo.1」
小・中・高校生が、信仰教育を基礎にしながら、「勉強も『心の修行』」と考えて学んでいます。
TEL **03-5750-0747**（東京本校）

不登校児支援スクール「ネバー・マインド」
心の面からのアプローチを重視して、不登校の子供たちを支援しています。
また、障害児支援の「**ユー・アー・エンゼル！**」運動も行っています。
TEL **03-5750-1741**

エンゼルプランV
幼少時からの心の教育を大切にして、信仰をベースにした幼児教育を行っています。
TEL **03-5750-0757**

NPO 活動支援

学校からのいじめ追放を目指し、さまざまな社会提言をしています。また、各地でのシンポジウムや学校への啓発ポスター掲示等に取り組むNPO「いじめから子供を守ろう！ネットワーク」を支援しています。

公式サイト **mamoro.org**
相談窓口 **TEL.03-5719-2170**
ブログ **mamoro.blog86.fc2.com**

政治

幸福実現党

内憂外患《ないゆうがいかん》の国難に立ち向かうべく、二〇〇九年五月に幸福実現党を立党しました。創立者である大川隆法党総裁の精神的指導のもと、宗教だけでは解決できない問題に取り組み、幸福を具体化するための力になっています。

党員の機関紙
「幸福実現NEWS」

TEL 03-6441-0754
公式サイト hr-party.jp

出版メディア事業

幸福の科学出版

大川隆法総裁の仏法真理の書を中心に、ビジネス、自己啓発、小説など、さまざまなジャンルの書籍・雑誌を出版しています。他にも、映画事業、文学・学術発展のための振興事業、テレビ・ラジオ番組の提供など、幸福の科学文化を広げる事業を行っています。

TEL 03-5573-7700
公式サイト irhpress.co.jp